Highlights

BARCELONA

DIE 50 ZIELE, DIE SIE GESEHEN HABEN SOLLTEN

Highlights

BARCELONA

Sammy Minkoff
Andrea Hoffmann
Stephan Mitsch

BRUCKMANN

Barcelona hat für jeden etwas zu bieten: Man wandelt auf den Spuren der Geschichte wie im Kloster von Pedralbes (oben), vergnügt sich beim Shopping (Mitte) oder entspannt im Grünen (unten).

Inhaltsverzeichnis

Barcelona, uralt und doch ein Quell ewiger Jugend 14

Barri de La Ribera – das Zentrum 18

1 **Carrer Montcada und Picasso-Museum** – Besuchermagnet in La Ribera 20

2 **Barra de Ferro** – Modedesigner in Barcelona 24

3 **Santa Maria del Mar** – Gotik in Reinkultur 26

4 **Parc de la Ciutadella** – das Wohnzimmer Barcelonas 28

5 **Born Centre Cultural** – die alte Markthalle 32

6 **El Mercat de Santa Caterina** – gelungene Sanierung 34

7 **Palau de la Música Catalana** – eine Jugendstil-Schönheit 36

Barri Gòtic – die Altstadt 40

8 **El Call** – das alte Judenviertel neu entdeckt 42

9 **Plaça del Rei** – verstecktes Juwel 44

10 **Barcino** – die römische Stadt 46

El Raval und der Hafen 54

11 **Fonda Espanya** – Jugendstil par excellence 56

12 **La Rambla** – die berühmteste Flaniermeile Barcelonas 57

13 **La Boqueria** – der größte Markt im ganzen Land 60

14 **Sant Pau del Camp** – das älteste Kloster der Stadt 61

15 **La Rambla del Raval** – die Rambla del Raval ist ruhig und authentisch 62

16 **Das MACBA** – Kunst und Architektur pur 64

17 **Das Gran Teatre del Liceu** – ein Weltklasse-Opernhaus 66

18 **El Molino** – bourleske Kultur 68

19 **Palau Güell** – Jugendstil-architektur in Vollendung 72

20 **Port Vell** – alter Hafen in neuem Gewand 74

21 **Rambla del Mar** – die Verlängerung der Rambla 76

22 **Das Aquarium** – das größte Aquarium der Welt zum Thema Mittelmeer 77

L'Eixample – Gaudís Erbe 80

23 **Passeig de Gràcia** – Modernisme und Shopping 82

24 **Casa Batlló und Casa Milà** – Gaudí-Häuser im l'Eixample 88

25 **La Sagrada Família** – die aufwendigste Kirche aller Zeiten 92

26 **Parc Güell** – ein Muss für jeden Besucher 98

27 **Hospital San Pau** – UNESCO-Weltkulturerbe 104

28 **Casa Fuster** – Fünf-Sterne-Luxus 105

29 **Gràcia** – mehr Kleinstadt als Vorort 106

Sants-Montjuïc und Barceloneta 108

30 **Poble Espanyol** – Spanien im Kleinformat 110

31 **Nationalmuseum** – schlichtweg monumental 112

32 **Font Màgica** – Wasser, Musik und Farbe 113

33 **Telefèric und Aeri del Port** – Panoramen in der Seilbahn 116

34 **La Barceloneta** – Ausgehen am Strand 118

35 **Port Olímpic** – feiern wie die Weltmeister 122

36 **Passeig de Colom** – dem Meer eng verbunden 123

Das neue Viertel 22@ und die Umgebung Barcelonas 124

37 **Torre Agbar und »Kollegen«** – neue Wahrzeichen 126

38 **Museum DHUB** – Design und angewandte Kunst 132

39 **Strände** – mehr vom Meer sehen 134

40 **Parc del Centre del Poblenou** – Design und Natur 136

41 **Camp Nou** – Fußball als Touristenattraktion 138

42 **Palau Reial de Pedralbes** – die königliche Residenz 139

43 **Nahe Strandschönheit** – Erholung westlich der Stadt 140

44 **Sitges** – ein quirliges Städtchen mit Strand 142

45 **Montserrat** – der »gesägte« Berg 146

46 **Zisterzienserkloster Santes Creus** – große Geschichte am Ufer des Gaià 148

47 **Die Bodegas Cordoníu** – prickelnder Genuss mit Tradition 152

48 **Die Bodegas Torres** – eine katalanische Erfolgsgeschichte 153

49 **Naturpark Garraf und ein buddhistisches-Kloster** – Einsamkeit und Natur erleben 154

50 **Tagesausflug nach Tarragona** – Stadt auf antiken Resten 158

Register 162

Impressum 164

Das spektakuläre Stadtbild (oben), das exzellente Essen (Mitte) und ein breites Angebot an sportlichen Aktivitäten (unten) hat Barcelona zu einem der beliebtesten Reiseziele Europas gemacht.

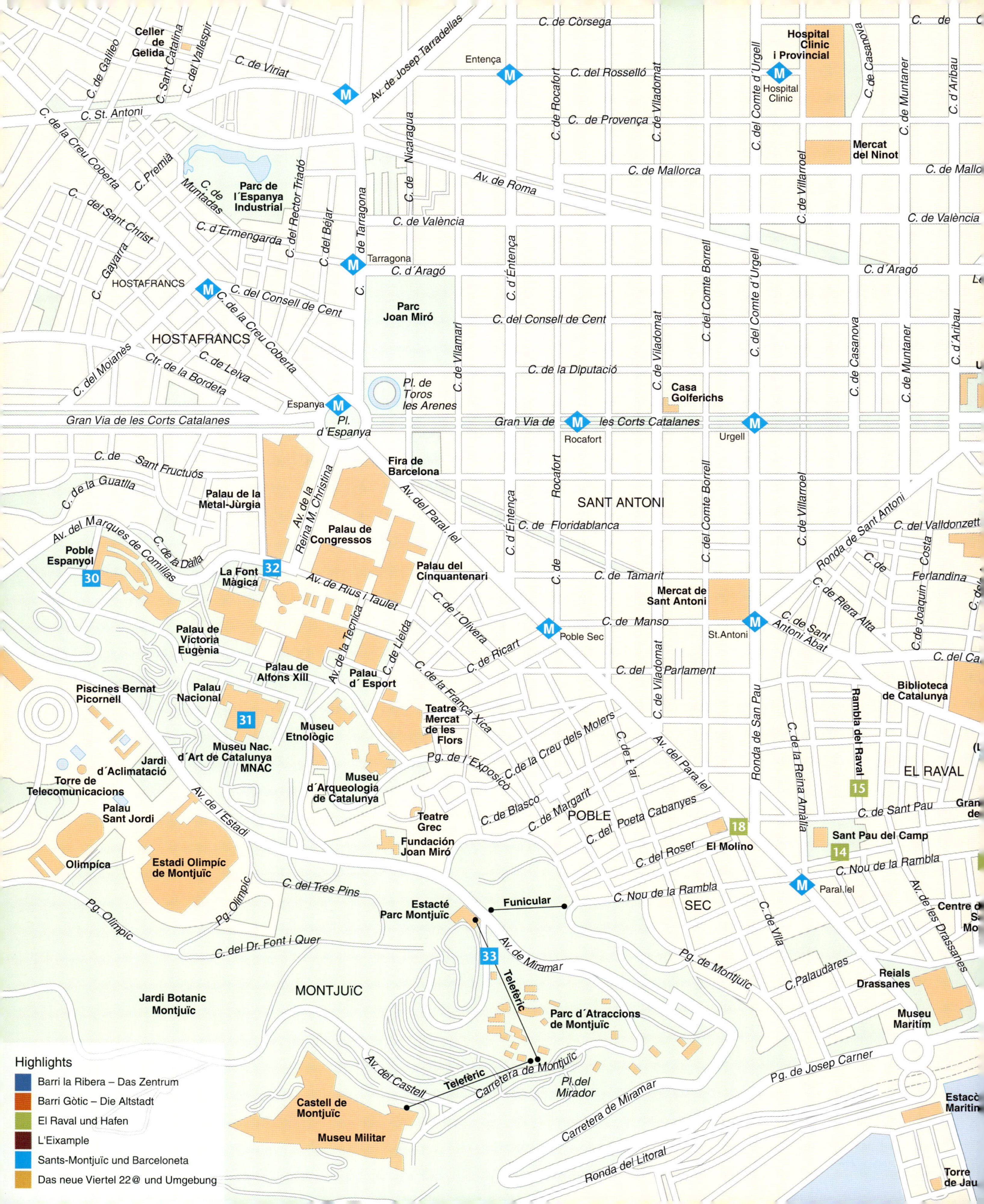
C. de Còrsega
Celler de Gelida
C. Sant Catalina
C. del Vallespir
C. de Galileo
C. de Viriat
Av. de Josep Tarradellas
Entença
C. del Rosselló
C. de Rocafort
C. de Viladomat
C. del Comte d´Urgell
Hospital Clinic i Provincial
Hospital Clinic
C. de Casanova
C. de Muntaner
C. d´Aribau
C. St. Antoni
C. de la Creu Coberta
C. Premià
C. de Provença
C. de Nicaragua
Mercat del Ninot
C. de Villarroel
C. de Mallorca
C. de Mallo
Av. de Roma
Parc de l´Espanya Industrial
C. de Muntadas
C. del Rector Triadó
C. de Tarragona
C. del Béjar
C. del Sant Christ
C. d´Ermengarda
C. de València
Tarragona
C. d´Aragó
C. Gayarra
HOSTAFRANCS
C. del Consell de Cent
Parc Joan Miró
C. d´Entença
C. del Comte Borrell
C. de Vilamarí
HOSTAFRANCS
C. de la Creu Coberta
C. de la Diputació
C. del Moianès
Ctr. de la Bordeta
C. de Leiva
Pl. de Toros les Arenes
Casa Golferichs
Espanya
Pl. d´Espanya
Gran Via de les Corts Catalanes
Gran Via de les Corts Catalanes
Rocafort
Urgell
C. de Sant Fructuós
C. de la Guatlla
Fira de Barcelona
Palau de la Metal-Jùrgia
Av. de la Reina M. Christina
Av. del Paral.lel
SANT ANTONI
Av. del Marques de Comillas
Poble Espanyol
C. de la Dalia
Palau de Congressos
C. de Floridablanca
C. del Valldonzett
Ronda de Sant Antoni
C. de Costa
30
La Font Màgica
32
Palau del Cinquantenari
C. de Tamarit
C. de Ferlandina
Av. de Rius i Taulet
Mercat de Sant Antoni
C. de Riera Alta
C. de l´Olivera
C. de Manso
C. de Sant Antoni Abat
Poble Sec
St.Antoni
C. de Joaquín
Palau de Victoria Eugènia
Av. de la Tecnica
C. de Lleida
C. de Ricart
Palau de Alfons XIII
C. del Parlament
C. del Ca
Palau d´ Esport
C. de la França Xica
Piscines Bernat Picornell
Palau Nacional
Biblioteca de Catalunya
Rambla del Raval
31
Museu Etnològic
Teatre Mercat de les Flors
C. de la Creu dels Molers
C. de la Reina Amàlia
Museu Nac. d´Art de Catalunya MNAC
Av. del Para.lel
Jardi d´Aclimatació
Pg. de l´Exposició
Ronda de San Pau
EL RAVAL
Torre de Telecomunicacions
Museu d´Arqueologia de Catalunya
C. de Blasco
C. de Margarit
15
Av. de l´Estadi
POBLE
C. del Poeta Cabanyes
C. de Sant Pau
Palau Sant Jordi
Teatre Grec
18
Sant Pau del Camp
Fundación Joan Miró
C. del Roser
El Molino
14
Olimpíca
Estadi Olimpíc de Montjuïc
C. Nou de la Rambla
C. del Tres Pins
Funicular
C. Nou de la Rambla
Paral.lel
Pg. Olimpíc
Estacté Parc Montjuïc
SEC
Av. de les Drassanes
Centre d
C. del Dr. Font i Quer
33
Av. de Miramar
C. de Vila
Pg. de Montjuïc
C.Palaudàres
Reials Drassanes
Telefèric
Jardi Botanic Montjuïc
MONTJUÏC
Parc d´Atraccions de Montjuïc
Museu Maritim
Av. del Castell
Telefèric
Carretera de Montjuïc
Pl.del Mirador
Pg. de Josep Carner
Castell de Montjuïc
Carretera de Miramar
Estacó Maritin
Museu Militar
Ronda del Litoral
Torre de Jau
Highlights
Barri la Ribera – Das Zentrum
Barri Gòtic – Die Altstadt
El Raval und Hafen
L'Eixample
Sants-Montjuïc und Barceloneta
Das neue Viertel 22@ und Umgebung

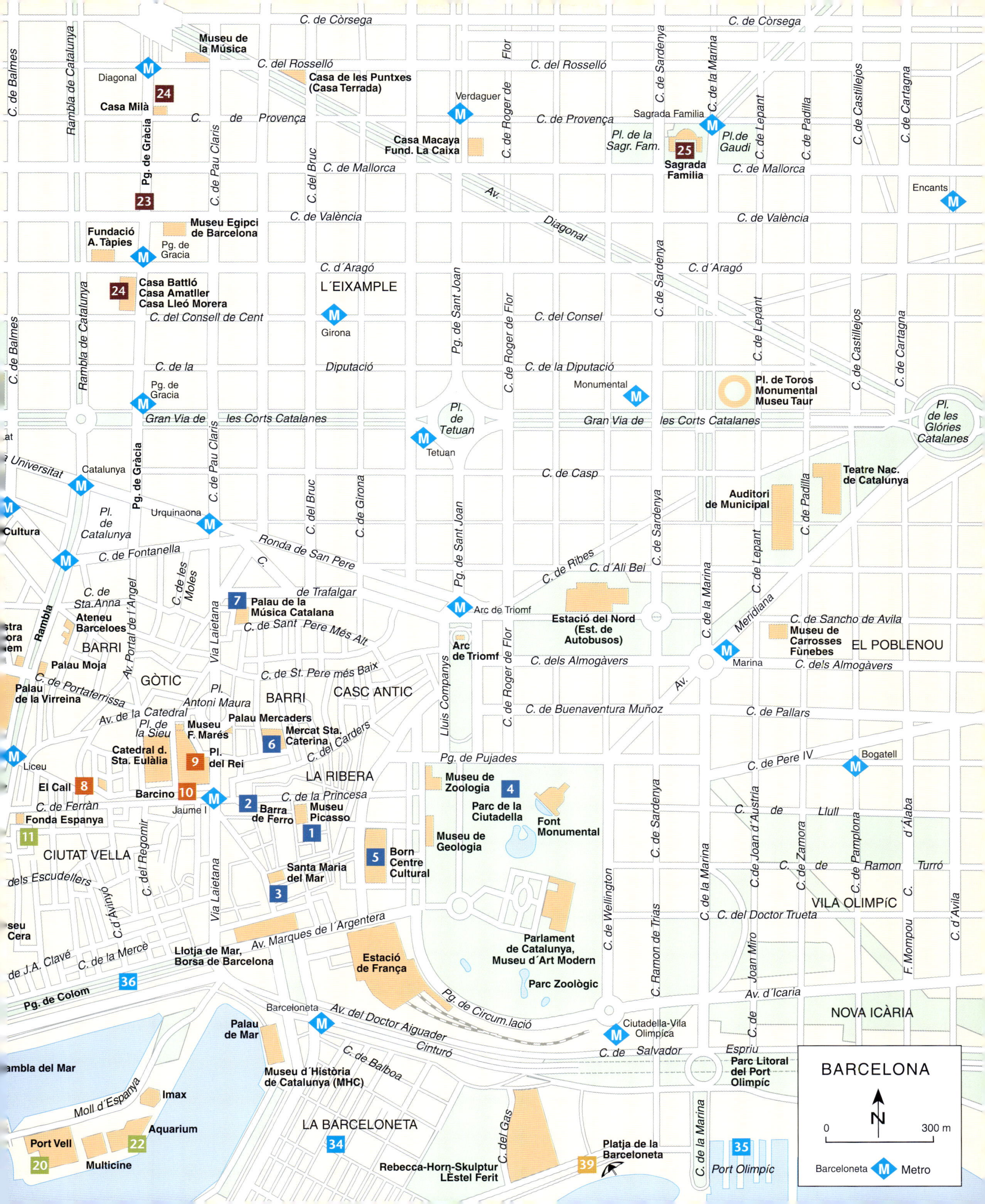

C. de Còrsega
Museu de la Música
C. del Rosselló
Casa de les Puntxes (Casa Terrada)
Diagonal
24
Casa Milà
C. de Provença
Verdaguer
Casa Macaya Fund. La Caixa
C. de Roger de Flor
Sagrada Familia
Pl. de la Sagr. Fam.
25
Sagrada Familia
Pl.de Gaudi
C. de la Marina
C. de Lepant
C. de Padilla
C. de Castillejos
C. de Cartagna
C. de Balmes
Rambla de Catalunya
Pg. de Gràcia
C. de Pau Claris
C. del Bruc
C. de Mallorca
23
Av. Diagonal
Encants
C. de València
Fundació A. Tàpies
Museu Egipci de Barcelona
Pg. de Gracia
C. d´Aragó
L´EIXAMPLE
Casa Batlló
Casa Amatller
Casa Lleó Morera
C. del Consell de Cent
Girona
C. de Sardenya
Pg. de Sant Joan
C. del Consel
C. de la Diputació
Monumental
Pl. de Toros Monumental Museu Taur
Pl. de Tetuan
Gran Via de les Corts Catalanes
Tetuan
Pl. de les Glòries Catalanes
Universitat
Catalunya
Pl. de Catalunya
Urquinaona
C. de Casp
Teatre Nac. de Catalunya
Auditori de Municipal
C. de Girona
Cultura
Ronda de San Pere
C. de Fontanella
C. de les Moles
C. de Trafalgar
C. de Ribes
C. d´Ali Bei
C. de Sta.Anna
7
Palau de la Música Catalana
Arc de Triomf
Estació del Nord (Est. de Autobusos)
Meridiana
C. de Sancho de Avila
Museu de Carrosses Fùnebes
EL POBLENOU
Rambla
Ateneu Barceloneș
Av. Portal de l´Àngel
Via Laietana
C. de Sant Pere Més Alt
Arc de Triomf
Marina
C. dels Almogàvers
BARRI
Palau Moja
GÒTIC
C. de St. Pere més Baix
Av.
Palau de la Virreina
C. de Portaferrissa
Pl. Antoni Maura
BARRI
CASC ANTIC
Lluís Companys
C. de Buenaventura Muñoz
C. de Pallars
Av. de la Catedral
Pl. de la Sieu
Museu F. Marés
Palau Mercaders
Mercat Sta. Caterina
C. del Carders
6
Catedral d. Sta. Eulàlia
9
Pl. del Rei
Pg. de Pujades
C. de Pere IV
Bogatell
Liceu
LA RIBERA
El Call
8
Barcino
10
Jaume I
2
C. de la Princesa
Barra de Ferro
Museu Picasso
Museu de Zoologia
4
Parc de la Ciutadella
Font Monumental
C. de Llull
C. de Ferràn
Fonda Espanya
11
1
C. de Joan d´Austria
C. de Zamora
C. de Pamplona
C. d´Àlaba
CIUTAT VELLA
C. del Regomir
5
Born Centre Cultural
Museu de Geologia
C. de Ramon Turró
dels Escudellers
Santa Maria del Mar
3
C. de Wellington
C. de la Marina
VILA OLIMPÍC
C. d´Avinyó
Via Laietana
C. del Doctor Trueta
Museu Cera
Av. Marques de l´Argentera
Parlament de Catalunya, Museu d´Art Modern
C. de J.A. Clavé
C. de la Mercè
Llotja de Mar, Borsa de Barcelona
Estació de França
C. Ramon de Trias
C. Joan Miró
F. Mompou
C. d´Àvila
36
Parc Zoològic
Pg. de Colom
Pg. de Circum.lació
Av. d´Icaria
Barceloneta
Av. del Doctor Aiguader
NOVA ICÀRIA
Palau de Mar
Cinturó
Ciutadella-Vila Olímpica
C. de Salvador Espriu
Rambla del Mar
C. de Balboa
Parc Litoral del Port Olímpic
Museu d´Història de Catalunya (MHC)
Imax
Moll d´Espanya
Aquarium
LA BARCELONETA
22
Port Vell
34
C. del Gas
Platja de la Barceloneta
35
20
Multicine
Rebecca-Horn-Skulptur LEstel Ferit
39
Port Olímpic
BARCELONA
N
0
300 m
Barceloneta
Metro

Ronda de Dalt
42 Palau de Real Pedralbes
26 Parc Güell
C. de Sants
Ronda de Dalt
LES CORTS
Stadion Camp Nou
41
Gran Via de de Carles III.
Av. Diagonal
GRÀCIA
29
27 Hospital San Pau
C. de Sant Antoni Maria Claret
Av. del Carrilet
C. de la Creu Coberta
Gran Via
Carrer de Badal
C. Gran de Gràcia
28 Casa Fuster
25
Sagrada Familia
Av. Meridiana
Pl. de les Glòries Catalanes
37
Gran Via de les Corts Catalanes
Av. Granvia
Pl. d'Espanya
Gran Via de les Corts Catalanes
Pg. de Gràcia
Museum DHUB
38
Torre Agbar
40 Parc del Centre del Poblenou
Av. Diagonal
CIUTAT VELLA
POBLE SEC
Av. del Parallel
SANT MARTÍ
Parc d´Atraccions de Montjuïc
Pg. de la Zona Franca
Ronda Litoral
Ronda Litoral
Nova Icària
Platja del Bogatell
Plajta de la Nova Mar Bella
Platja de la Barceloneta
Platja de Sant Miguel
39
0
1 km
N

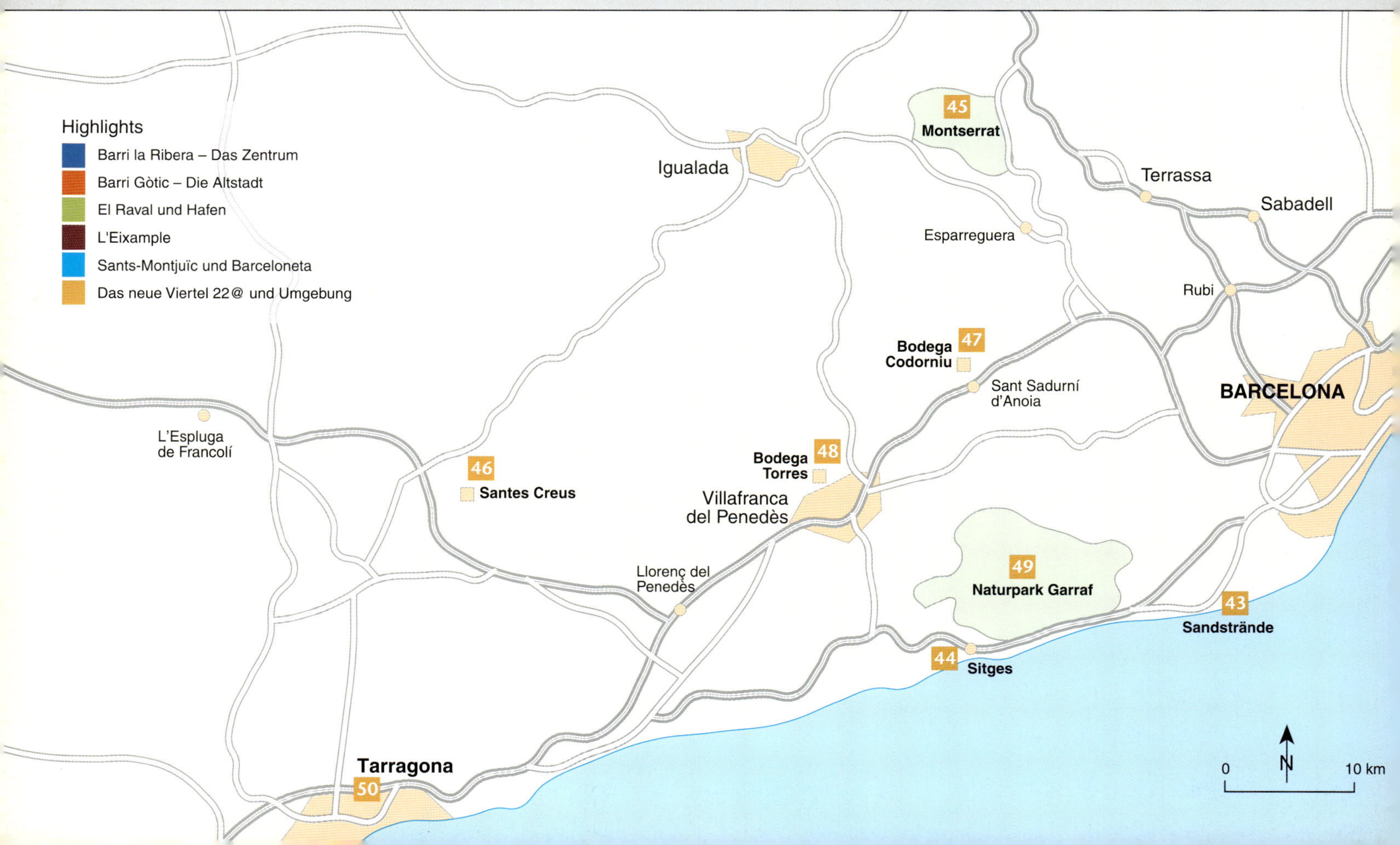

Highlights
Barri la Ribera – Das Zentrum
Barri Gòtic – Die Altstadt
El Raval und Hafen
L'Eixample
Sants-Montjuïc und Barceloneta
Das neue Viertel 22@ und Umgebung
45 Montserrat
Igualada
Terrassa
Sabadell
Esparreguera
Rubi
47 Bodega Codorniu
Sant Sadurní d'Anoia
BARCELONA
L'Espluga de Francolí
46 Santes Creus
48 Bodega Torres
Villafranca del Penedès
Llorenç del Penedès
49 Naturpark Garraf
43 Sandstrände
44 Sitges
Tarragona
50
0
N
10 km

Das einzigartige Hospital de la Santa Creu i Sant Pau bestand aus 48 voneinander unabhängigen Pavillons, in denen unterschiedliche medizinische Einrichtungen untergebracht waren. Seit 1997 zählt es zum UNESCO-Weltkulturerbe.

Barcelona, uralt und doch ein Quell ewiger Jugend

Die katalonische Metropole ist ein Gesamtkunstwerk, das mit viel mit Liebe zum Detail gestaltet wurde. Dies zeigt sich etwa auf dem Dach des Palau Güell (oben), an der Sagrada Familia (unten), im Parc Güell (rechts unten) oder an der Kirche Sagrat Cor auf dem höchsten Punkt des Tibidabo (rechts oben).

Eine der weltweit bedeutendsten Kulturmetropolen

Seit Jahren schon rangiert die beliebteste Stadt Spaniens auf den vordersten Plätzen der Städtereiseziele in Europa. Und viele Besucher kommen wieder, denn in der Hauptstadt Kataloniens gibt es ständig Neues zu entdecken. Ihr unermesslicher Reichtum an Kultur, Kunst und Flair unterliegt einem steten Wandel, eilt seiner Zeit voraus und bleibt sich trotz alledem selbst stets treu.

Die Stadt hat rund 1,6 Millionen Einwohner und weitere 3,2 Millionen leben in ihrem Umland. Damit ist Barcelona nach Madrid die zweitgrößte Stadt Spaniens. Sie liegt im Nordosten der Iberischen Halbinsel, auf einem 5 Kilometer breiten Plateau, direkt am Mittelmeer. Allein ihre kilometerlangen Sandstrände sind Grund genug, dieser einzigartigen Metropole einen Besuch abzustatten. Doch Barcelona wäre nicht Barcelona, könnte es nicht mit weiteren Superlativen aufwarten: Sein Hafen ist der größte Spaniens und einer der wichtigsten in Europa. In keiner anderen Stadt der Welt wurden so viele historische Bauwerke in die Liste des UNESCO-Weltkulturerbes aufgenommen wie hier. Es sind neun Gebäude, die meisten davon aus der großen Epoche des Modernisme. Dazu zählen die Gaudí-Werke La Pedrera, Park Güell, Palau Güell, Sagrada Família und die Krypta der Colònia Güell. Außerdem der Palau de la Música Catalana, das Hospital de la Santa Creu i Sant Pau, die Casa Batlló sowie die Casa Vicens.

Langer Weg durch die Jahrhunderte

Im gesamten Stadtgebiet findet man die Spuren einer 2000-jährigen Geschichte. Angefangen beim römischen Barcino, über das mittelalterliche Barcelona mit seinen gotischen Prachtbauten bis hin zum »wahren Freilichtmuseum des Modernisme«, dem katalanischen Jugendstil. Doch Barcelona lebt nicht allein von seiner Vergangenheit. Die Stadt ist dynamisch und aktiv und befindet sich in einem steten Transformationsprozess. Im Zuge der Olympischen Spiele 1992 hat sie sich zum Meer hin geöffnet und ihre Verkehrsinfrastruktur völlig überarbeitet und modernisiert. Anfang des Jahrtausends ging der Wandel mit dem neuen Stadtviertel 22@ weiter, das sich als Technologiezentrum mit modernem Wohnraum versteht. Heute ist es ein pulsierendes, neues Stadtviertel, das viel mehr bietet als Wohn- und Arbeitsraum.

Modernisme

Die Epoche des katalanischen Jugendstils reichte von 1878 bis etwa 1910. Neben

TEMPLO EXPIATORIO DE ESPAÑA

Barcelona ist ungeheuer vielfältig – eine Stadt mit vielen Gesichtern: Casa Milà (oben), Poble Espanyol (Mitte), Font Màgica in der Nähe der Plaça d'Espanya (unten).

der Gotik prägte vor allem der Modernisme den architektonischen Stil Barcelonas. Er hinterließ ein einzigartiges Kulturerbe in Architektur, Malerei, Skulptur und Design.

Als sich in Barcelona der Modernisme durchsetzte, dehnte sich die Stadt gerade über die Grenzen der alten Stadtmauern aus. Ein neues Stadtviertel, das Eixample, entstand und wurde mit zahllosen Gebäuden im Jugendstil bebaut. Heute weist es die weltweit größte Dichte an Jugendstilbauten auf. Natürlich gibt es auch in anderen Stadtteilen Gebäude aus der Zeit des Modernisme, doch häufig wurden sie erst lange nach dem Ende dieser Epoche umgebaut oder in diesem Stil neu erbaut. Wundern Sie sich also nicht, wenn Sie vor einem vermeintlichen Jugendstilgebäude stehen und nirgends Informationen darüber finden können. Wenn es sich auch nicht um Originale aus dem frühen 20. Jahrhundert handelt, schön sind diese Nachbauten allemal.

Stadt der Künste

Das ganze Jahr über finden in Barcelona hochrangige Musik-, Tanz- und Theaterveranstaltungen statt. Ob klassisch, modern oder avantgardistisch, hier wird jeder fündig. Es gibt zwei moderne und drei historische Konzerthäuser: das Gran Teatre del Liceu, das Opernhaus aus dem 18. Jahrhundert, und der Palau de la Música Catalana, ein modernistisches Gebäude, das zu den schönsten Musikhallen der Welt gehört. Der jüngste Konzertsaal ist das L'Auditori, ein sehr imposantes, modernes Haus aus dem Jahr 1999 und Sitz des Symphonieorchesters von Barcelona und Katalonien. Rockkonzerte finden meist im Palau Sant Jordi statt, der als Mehrzweckhalle für die Olympischen Spiele von 1992 erbaut wurde.

Barcelona hat eine lange Theatertradition mit vielen international bekannten Ensembles. Darunter La Fura dels Baus, La Cubana oder Comediantes. Avantgardistische Gruppen und freie Theater sind von jeher sehr beliebt. Insgesamt gibt es 27 Theater in der Stadt. Die Ciutat del Teatre, erbaut für die Weltausstellung von 1929, beherbergt in wunderschönen Gebäuden mehrere Theater und Tanztheater. Weltruf erlangte inzwischen das Teatre Nacional de Catalunya (TNC) aus dem Jahr 1996, nicht zuletzt wegen seiner modernen Architektur. Es liegt, ebenso wie das L'Auditori, im neuen Bezirk 22@. Die Musiktheater entwickelten sich in den vergangenen Jahren zum festen Bestandteil der Theaterszene. Gezeigt werden nationale und internationale Produktionen unterschiedlichster Couleur. An der Theaterstraße El Paral.lel liegen die Musicaltheater Teatro Musical, Tivoli und Victoria.

Lebendige Museumsszene

Mehr als 50 Museen und zahlreiche Kunstgalerien laden das ganze Jahr über zu permanenten und temporären Ausstellungen ein. Die bekanntesten sind das Picasso-Museum, die Fundació Joan Miró und die Kulturstiftung CaixaForum. Während es in anderen Städten an der Tagesordnung ist, Museen zu schließen, werden in Barcelona neue eröffnet. So wie das Wissenschaftsmuseum, das Mammutmuseum, das Schifffahrtsmuseum Drassanes Reials und ganz aktuell das Designmuseum Design Hub.

Himmlische Genüsse

Versäumen Sie nicht, die kulinarische Vielfalt zu erkunden, die die Stadt zu bieten hat. Aufgrund seiner geografischen Lage war Katalonien schon immer ein Land der Durchreise. Verschiedenste Völker und Kulturen hinterließen ihre Spuren, die sich auch im gastronomischen Angebot widerspiegeln. Barcelona ist Schmelztiegel und kulinarisches Aushängeschild dieser Vielfalt. Im Jahr 2002 wurde die Stadt zur ersten Gourmande-Stadt außerhalb Frankreichs gekürt. Derzeit verfügen 14 Restaurants über einen Michelin-Sterne oder mehrere.

Grundlage dieses Erfolgs sind die hervorragenden Produkte, für deren Frische und Vielfalt die Stadt seit jeher bekannt ist. In den zahlreichen Markthallen, die es in der ganzen Stadt seit Jahrhunderten gibt, ist das Angebot schier endlos. Abgerundet wird es durch die Waren und Spezialitäten der Lebensmittel- und Feinkosthändler, der Patisserien, Konditoreien und Chocolaterien. Insgesamt gibt es mehr als 10 000 lizenzierte Lokale im Stadtgebiet.

Trendsetter

Beim Thema Mode wird Barcelona heute in einem Atemzug mit London und Rom genannt. In der katalanischen Hauptstadt findet man neben den besten internationalen Marken typische einheimische Geschäfte mit qualitativ hervorragenden, preisgünstigen Erzeugnissen. Die innovativsten Modeschöpfer und trendigsten Geschäfte liegen in der Altstadt, im Viertel El Born. Unzählige Boutiquen, Vintage-Läden und Schneidereien bieten Mode für jeden Geschmack und tatsächlich auch für jeden Geldbeutel. Noch hat sich dies nicht unter allen Besuchern herumgesprochen.

Und hier weiß man zu unterhalten, sei es mit ständig neuen Ausstellungen (links), mit fantastischen Delikatessen wie auf dem Mercat de St. Josep (oben und Mitte) oder mit Straßenkünstlern auf den Ramblas (unten).

Das Picasso-Museum ist ein absoluter Publikumsmagnet (oben); aber auch der Palau de la Música Catalana (Mitte) sowie das Shopping in den schicken Designerläden lässt die Herzen der Besucher der Viertel La Ribera und El Born höherschlagen (unten). Erholung findet man im größten Park der Stadt (rechts).

Barri de La Ribera – das Zentrum

Allein die fünf nebeneinanderliegenden gotischen Paläste mit ihren Innenhöfen (oben), in denen das Museu Picasso (unten) untergebracht ist, sind schon einen Besuch wert. Die schönen Räume wetteifern mit den Werken des Genies (rechts).

Barri de La Ribera – das Zentrum

1 Carrer Montcada und Picasso-Museum

Besuchermagnet in La Ribera

Hochherrschaftliche gotische Stadtpaläste reihen sich aneinander und übertreffen sich hier an Größe und Pracht. Die Carrer Montcada bildete über Jahrhunderte das Zentrum des neuzeitlichen Barcelona, des Barri de La Ribera. Bewohnt werden die Gebäude heute noch immer, und viele fanden zudem auch eine neue, interessante Bestimmung. Fünf benachbarte Paläste bilden das Picasso-Museum.

Die Straße liegt inmitten des Stadtteils La Ribera, nahe dem Passeig del Born. Ab Mitte des 12. Jahrhunderts wurden hier die ersten Gebäude außerhalb der alten Stadtmauer errichtet. Ihr Name geht auf die Familie Montcada zurück, die als eine der ersten baute. Die Straße verband das alte Stadtzentrum innerhalb der Mauer mit den neu entstandenen Vierteln am Meer, woraus sich später der Stadtteil La Ribera entwickelte. Auf den neuen Bauplätzen außerhalb der Altstadt verfügten die wohlhabenden Bauherren über sehr viel Platz. Also errichteten sie riesige Häuser, luftig und offen, sie legten Gärten an – und bald schon galt die Straße als erste Adresse der Stadt. Immer mehr Reiche siedelten sich dort an und errichteten eine Mauer um ihren neuen Stadtteil.

Vor den Mauern

Durch ein Erdbeben im Jahr 1428 wurden zahlreiche Gebäude stark beschädigt oder gar zerstört. Nach ihrem Wiederaufbau entwickelte sich die Carrer Montcada zum neuen Stadtzentrum Barcelonas. Im 16. Jahrhundert lebten hier die Adeligen, die Seefahrer und zu Reichtum gekommene Händler. Erst gegen Ende des 19. Jahrhunderts verlor die Straße ihren Status als begehrte Adresse. 1947 wurde sie zum »Nationalen Monument« erklärt. Seitdem werden die Paläste renoviert und instand gehalten. Die Carrer Montcada ist heute ein Kleinod der mittelalterlichen Profanarchitektur.

Museen, Galerien und Cafés

Die Carrer Montcada endet an der Basilica de Santa Maria del Mar, einer sehr imposanten, gotischen Kirche. Von der Basilika aus Richtung Innenstadt ist der Palau Cervelló mit der Hausnummer 25 der erste der erhaltenen Paläste. Seit 1974 befindet sich hier die berühmte Galería Maeght. Das Gebäude wurde im 16. Jahrhundert auf den Resten seines Vorgängers erbaut. Die gotische Fassade ist eine der am besten erhaltenen der gesamten Straße und besticht durch ihre schöne, perfekt behauene Steinfront. Die Balkone stammen aus dem 17. Jahrhundert. Darüber, im obersten Geschoss, findet man vier Wasserspeier. Der Palast besitzt einen zentralen, von Bogen um-

Im meistbesuchten Museum der Stadt (oben, rechts unten) bewundert man Frühwerke des Künstlers (unten) oder man schlemmt in seinem Lieblingsrestaurant Els Quatre Gats in der Nähe (rechts oben).

fassten Patio mit einer Freitreppe zu den Wohnräumen.
Auf der anderen Straßenseite, mit der Nummer 20, befindet sich ein Herrschaftshaus, das im 17. Jahrhundert restauriert wurde. Das interessanteste Detail aus dieser Epoche ist ein Fries im Patio, der den Raub der Europa darstellt. Er gilt als eines der bekanntesten Werke des katalanischen Barock. Einige Elemente des ursprünglichen Gebäudes blieben erhalten, darunter die Kapelle aus dem 15. Jahrhundert mit einem sternförmigen Gewölbe und Reliefs, die musizierende Putten zeigen. Die Fassade ist einfach, sie besitzt Balkone, Friese und einige Wasserspeier unter den Dachkanten. Auch dieser Palast hat einen Patio mit Freitreppe, deren gedrehte Säulen Korbbögen tragen.
Der Palau Nadal, Hausnummer 14, stammt wahrscheinlich aus dem 15. Jahrhundert. Er vereint gotische Elemente mit Stilmitteln der Renaissance. Sein Portal stammt aus dem 19. Jahrhundert. Gotischen Ursprungs ist seine einfache Struktur mit einem Turm an der Seite und die Galerie im Obergeschoss, die an einen Lichtgaden erinnert. Die Freitreppe im Patio ist mit gedrehten Säulen und Korbbögen ausgestattet. Die Säulenkapitelle sind in Form von Frauen- und Männerköpfen gestaltet.
Im Palau Nadal sowie im Palau del Marquès de Llió nebenan, entsteht das Museo de Culturas del Mundo. Es thematisiert die Kunst Afrikas, Asiens, Amerikas und Ozeaniens. Seine Eröffnung ist für das Jahr 2015 geplant. Der Palast wurde bereits Anfang des 13. Jahrhunderts erbaut, obwohl sein heutiger Aufbau aus dem 18. Jahrhundert stammt.
Der Patio, in dem sich ein Café befindet, besitzt eine Freitreppe, die einen weiten Bogen überspannt. Im Zuge der Umbaumaßnahmen bleibt das Café bis zur Eröffnung des neuen Museums geschlossen. Auch dieses Gebäude besitzt eine offene Galerie im Obergeschoss, die wohl einst zum Trocknen von Wollstoffen genutzt worden sein soll. Besonders schön sind die dreiteiligen Fenster.

Innen Kunst, außen Kunst

In den Palästen Nummer 15–23 befindet sich das berühmte Picasso-Museum. Das Ensemble von fünf mittelalterlichen Palästen entstand im 13. und 14. Jahrhundert, wobei die Gebäude mehrfach restauriert wurden. Die massivsten Umbauten gehen auf das 18. Jahrhundert zurück. Bei einem Besuch des Museums sollte man die Architektur unbedingt in Augenschein nehmen, denn auch die Paläste sind atemberaubend schön. Nach und nach, über Jahrzehnte, kaufte die Stadt die Gebäude an.
Der Palau Aguilar, mit der Nummer 15, war das erste des Museums und fand seine Bestimmung bereits 1963. Im 15. Jahrhundert wurde er mehrfach umgebaut, sodass noch heute ein Mix der verschiedenen Stile zu sehen ist. Die ältesten, am Gebäude verbliebenen Teile sind der Patio mit Freitreppe und die Spitzbogengalerie im Flamboyantstil aus dem 15. Jahrhundert. Außerdem gibt es einige reich gearbeitete Fenster aus der Renaissance. Bei einer späteren Restaurierung wurden Reste eines großen Freskos aus dem ausgehenden 13. Jahrhundert entdeckt. Es stellt die Eroberung Mallorcas durch Jaime I. im Jahr 1229 dar und

kann heute im Museum MNAC besichtigt werden.
Einige Originalteile des folgenden Palau Baró de Castellet blieben erhalten. Dazu gehören der zentrale Patio mit Freitreppe und ein Relief an der Fassade aus dem 16. Jahrhundert, das Gott inmitten von Cherubimen darstellt. Im ersten Stock wurde Mitte des 18. Jahrhunderts ein sehr schöner neoklassizistischer Salon eingebaut, von dem noch Teile des Marmors erhalten sind. Der Palau Meca, gleich nebenan, wurde 1982 ins Museum integriert. Aus gotischer Zeit sind der Patio und die Freitreppe erhalten. In den Räumen des ersten Stockwerks gibt es mittelalterliche Deckentäfelungen und Verzierungen aus dem 19. Jahrhundert zu sehen.
Die Casa Mauri wurde im 18. Jahrhundert auf alten römischen Mauern erbaut und später häufig umgebaut. 1872 legte man das Gebäude mit dem benachbarten Palau Finestres zusammen, um das Ensemble industriell zu nutzen. Seit 1999 gehört es zum Museum. Besonders sehenswert sind die für das 18. Jahrhundert typischen Holzgitterfenster an der Fassade. Es sind die einzigen ihrer Art in ganz Barcelona. Das Nachbargebäude, Palau Finestres, wurde bereits 1970 Teil des Museums und beherbergt die temporären Ausstellungen. Auch in diesem Palast gibt es noch Reste aus dem 13. Jahrhundert. Er folgt dem gotischen Stil mit zentralem Patio und Freitreppe, wobei im Erdgeschoss einige Räume mit Bogen erhalten sind. Im ersten Stockwerk findet man dreiteilige Fenster, die durch feine Säulen unterteilt sind, sowie eine sehr schöne mittelalterliche Deckentäfelung.

TAUSENDMAL PICASSO

Barcelona ehrte seinen berühmten Einwohner Pablo Ruiz Picasso (1881–1973) noch zu dessen Lebzeiten mit einem Museum. Der Künstler, der im Alter von 14 Jahren mit seiner Familie nach Barcelona kam, nahm sofort an der Kunstakademie La Llotja ein Studium auf und wechselte 1897 an die Königliche Akademie von San Fernando in Madrid. Doch dort hielt es ihn nicht lange, und er kehrte 1898 nach Barcelona zurück. Im Februar 1900 hatte der 18-Jährige im Künstlercafé Els Quadre Gats seine erste Ausstellung. Das ist der Grund, weshalb es im Picasso-Museum vorwiegend Jugendwerke des Künstlers zu sehen gibt. Rund 50 000 Gemälde, Zeichnungen, Plastiken und Keramiken schuf er in seinem langen Leben. 3800 davon besitzt das Picasso-Museum in Barcelona, das die höchsten Besucherzahlen aller Museen der Stadt verzeichnet. Neben Dauerausstellungen gibt es auch immer wieder Veranstaltungen zu unterschiedlichen Themen.

WEITERE INFORMATIONEN

Websites: www.museuculturesmon.bcn.cat und www.barcelona-museum.com/picasso-museum.html

In alten Häusern der Gassen des El Born haben viele Designer ihre Boutiquen und Ateliers (oben, unten und rechts unten). Hier bekommt man Mode direkt vom Designer. Oskar H. Grand in der Carrer Barra de Ferro, nimmt hier selbst noch Maß (rechts oben).

2 Barra de Ferro

Modedesigner in Barcelona

El Born ist das angesagteste Viertel in Barcelona. Früher war es heruntergekommen und wenig einladend. Dann siedelten sich erste Künstler und junge Modedesigner an, da die Mieten entsprechend niedrig waren. Bald schon wurden es mehr, die ihre Ideen hier umsetzten und neues Leben ins alte Viertel brachten. Inzwischen ist es ein Ort mit vielen kleinen, innovativen Läden und jeder Menge Motivation.

Während man früher von den Barri La Ribera und El Born sprach, nennt man den gesamten Bezirk zwischen Barri Gòtic, Parc de la Ciutadella und dem Hafen inzwischen meist nur noch El Born. Das Viertel ist einzigartig, denn es erfüllt die alte mittelalterliche Architektur mit jungem Leben und jeder Menge neuer Ideen. Immer kleiner wird der Abstand zu London in Sachen Trendsetting, und das ist der Verdienst der unzähligen kleinen und großen Modelabels aus Spanien, die fast alle hier, im El Born, angefangen haben. Doch fürchten Sie sich nicht: Noch immer findet man hier bezahlbare Mode – direkt vom Designer.

Modemagnet

Längst haben Journalisten und Modelabels der ganzen Welt die handgemachte Mode aus Barcelona entdeckt. Die »080 Barcelona Fashion Week« findet jeweils im Juni/Juli statt und ist zum Anziehungspunkt der Modemacher geworden. Aufsehen erregt immer wieder der lässige Streetstyle, der nicht nur von Marken wie Desigual, Skunk Funk oder Custo kreiert wird, sondern in vielfältiger Interpretation praktisch an jeder Ecke zu bekommen ist. Und oft sind die Stücke sogar direkt im Geschäft gefertigt. Nicht wenige junge Modedesigner haben sich mit Geschäft und Werkstatt selbstständig gemacht und ihr eigenes Label gegründet. In diesen kleinen, feinen Läden kann man sich schon mal für 100 Euro von Kopf bis Fuß neu einkleiden. Das hat sich inzwischen natürlich herumgesprochen, und der Zuspruch wird immer größer. Ein weiteres Highlight im Modereigen der katalanischen Hauptstadt ist die Barcelona Bridal Week, die im Mai stattfindet. Hochzeitsmode ist zum festen Standbein der heimischen Modedesigner geworden und wird in fünf Kontinente exportiert. Weltweit kommt eines von zehn verkauften Brautkleidern aus Spanien, die bekannt sind für ihre hohe Qualität. Katalonien konzentriert etwa 50 Prozent des Sektors, der sich mit dem Design, der Fabrikation und dem Export von Brautmoden in Spanien beschäftigt. Barcelona ist dabei das Zentrum der Innovation und Kreativität. Zur Bridal Week kommen jährlich 16 000 professionelle Einkäufer aus Asien, den USA, Europa,

Südamerika und den arabischen Staaten nach Barcelona. 60 Prozent der Besucher sind Ausländer, sie kommen aus 36 verschiedenen Ländern. 200 Marken nehmen teil, wobei das Gros der Aussteller eindeutig von der Iberischen Halbinsel kommt. Inzwischen hat sich die Nische der Brautmoden zu einem echten Verkaufsschlager für Katalonien entwickelt. Doch trotz des immensen Erfolgs sind die Modemacher in der Barra de Ferro bodenständig geblieben – und das ist das Besondere an Barcelona.

U.F.O. und sein Modeuniversum

U.F.O., das bedeutet Urban Fashion Object und das seit 2006. Dahinter steckt die Idee, in Zusammenarbeit mit Künstlern aus Barcelona T-Shirts zu designen. Im Laden findet man im Erdgeschoss Herrenmode, vor allem T-Shirts in unzähligen Farben und mit verschiedenen Aufdrucken und Signatur des jeweiligen Künstlers. Außerdem gibt es Geschenke für den Mann. Von Kappen über Skateboards bis zu Comics und Puppen findet sich hier alles, was der Gatte, Freund oder Bruder schon immer haben wollte. Im unteren Bereich werden T-Shirts, Kleider und Röcke für Damen verkauft, ebenfalls in kleiner Auflage, aber in vielen Farben und Formen. Meist jedoch nur in kleinen Größen. Für Frauen gibt es außerdem handgefertigte Taschen oder coole Bilder. Eigentlich ist das U.F.O. aber vor allem ein Laden für Jungs.

OSCAR H. GRAND

Der Herrenschneider Oscar H. Grand betreibt seinen kleinen Laden mit angeschlossener Werkstatt seit 1999 in der Barra de Ferro. Sie finden ihn ganz in der Nähe des Picasso-Museums. Bei Grand wird junge Herrenkonfektion und Prêt-à-porter von Hand hergestellt, wobei sich die hauseigene Kollektion am klassischen Stil des 20. Jahrhunderts orientiert. Vor allem sehr schlanke Jungs lieben seine Slim-line. Doch Grand legt wert darauf, dass seine Mode für alle Größen und viele Anlässe tragbar und kombinierbar ist. Ganz traditionell wird der Kunde hier von seinem Schneider persönlich bedient, wobei die Preise durchaus annehmbar sind.

WEITERE INFORMATIONEN

Urban Fashion Object: Carrer dels Corders, 13, Ecke Carrer de Princesa.
Oscar H. Grand: Sastreria, Barra de Ferro 7, www.oscarhgrand.es
Website: www.080barcelonafashion.cat

Die Santa Maria del Mar (oben) ist mit ihrer großen Rosette (unten) und ihrem eleganten Innenraum (rechts unten) eine der schönsten Kirchen der Stadt. Stöbern wird in der Casa Gispert, einem der ältesten Geschäfte der Stadt, zum Erlebnis (rechts oben).

3 Santa Maria del Mar

Gotik in Reinkultur

Die Kirche Santa Maria del Mar wurde im 14. Jahrhundert von den Bürgern der Stadt erbaut. Bis heute ist sie in ihrer ursprünglichen Form erhalten und wurde zum Wahrzeichen der katalanischen Gotik. Zwischen den mehrstöckigen Wohnhäusern erscheint sie mit ihren monumentalen Türmen wie eine Festung. Doch die äußerliche Enge trügt. Ihr Inneres überrascht Besucher durch eine immense Höhe und Weite.

Die Basilica Santa Maria del Mar liegt in Hafennähe, inmitten des Barri de La Ribera. Übersetzt heißt der Stadtteil »Gestade«. Der Legende nach soll der Apostel Jakobus einmal an dieser Stelle gepredigt haben. Zunächst ehrte man den Ort mit dem Bau einer kleinen Kapelle. Hier wurde um 304 die Heilige Eulalia von Barcelona, Schutzheilige der Stadt, beigesetzt. Ihren Leichnam überführte man später in die Kathedrale. Anfang des 11. Jahrhunderts war die Stadt über ihre Mauern hinausgewachsen. Zwischen Stadtmauer und Meer siedelten sich die Seefahrer und Händler an, die immer größere politische Macht erlangten. Als Barcelonas Wirtschaft im 13. und 14. Jahrhundert einen ungeahnten Aufschwung erlebte, wetteiferte man um die Vorherrschaft über das Mittelmeer. Die Machtstellung sollte sich im Bau einer Kirche widerspiegeln, die entsprechend groß und eindrucksvoll wurde. Den Grundstein legten Barcelonas Bürger 1329, als auch die Kathedrale von Barcelona gebaut wurde. Santa Maria del Mar steht für das Selbstbewusstsein der Einwohner gegenüber der Kirche.

Gemeinschaftsproduktion

In einer Rekordzeit von nur 54 Jahren wurde das riesige Bauwerk fertiggestellt, denn alle fassten mit an. Die reichen Kaufleute finanzierten, die Gilden des Viertels beteiligten sich und die Lastenträger schleppten Baumaterialien, vor allem Steine, heran. Ihnen und allen anderen, die sich am Bau beteiligten, sind an und in der Kirche Reliefs und Tafeln gewidmet.

Obwohl im Jahr 1379 viele Teile des Bauwerks durch ein Feuer zerstört wurden, konnte die Basilika Santa Maria del Mar 1383 geweiht werden. Zwei der drei Architekten der Kirche durften diesen Tag noch erleben. Lediglich die beiden Türme waren zu diesem Zeitpunkt noch nicht errichtet. Sie wurden 1496 und 1902 vollendet. Während gotische Kirchen gewöhnlich über Jahrhunderte erbaut wurden und dadurch verschiedene Stile mit einflossen, blieb Santa Maria del Mar rein gotisch und damit einzigartig.

Schlicht und schön

Die Basilika ist umschlossen von den engen Gassen des Viertels. Um einen Ein-

druck über das gesamte Bauwerk zu erhalten, sollte man sie deshalb am besten einmal komplett umrunden. Von den Plätzen »Fossar de les Moreres« und »Plaça de Santa Maria« kann man sie gut betrachten. Beide Plätze waren früher Friedhöfe.
Wie bei fast allen Kirchen der katalanischen Gotik ist auch das Äußere von Santa Maria del Mar absolut schlicht und schmucklos. Die nackten Mauern werden lediglich durch zwei Gesimse gegliedert, und die eher kompakten Strebepfeiler treten erst im Obergeschoss aus dem wuchtigen Baukörper hervor. Auch die Hauptfassade bleibt diesem Konzept treu. Einzige Schmuckelemente sind die große Fensterrose im Obergeschoss und der Tympanon über dem Portal. Die beiden vertikalen Streben an der Fassade markieren Haupt- und Seitenschiffe im Innern.

Mehr Sein als Schein

Betritt man das Innere, kann man nur überwältigt sein. Das Spiel des Lichtes, die Weite des Raumes und die Erhabenheit sind unbeschreiblich. Die lichte Weite von 13 Metern zwischen den Säulen ist einzigartig für eine gotische Kirche und trägt zum Gesamteindruck maßgeblich bei. Dabei ist auch der Innenraum der Kirche sehr schlicht gestaltet. Die 18 Meter hohen Säulen haben keinerlei Verzierungen und Bauplastik ist kaum vorhanden. Der einfache Grundriss folgt der katalanischen Tradition eines dreischiffigen Hallenbaus, wobei die Breite der Seitenschiffe genau die Hälfte des Hauptschiffes beträgt. Das trägt zur Harmonie und Ausgeglichenheit der gesamten Anlage bei. Gegenüber des Haupteingangs befindet sich der Altar und dahinter die Apsis mit den Kapellen und dem Portal del Born.

KAFFEERÖSTEREI EL MAGNÍFICO

Direkt bei der Kirche Santa Maria del Mar finden Sie Barcelonas älteste und bekannteste Kaffeerösterei. Gegründet wurde das Unternehmen 1919, und es wird inzwischen in der dritten Generation der Inhaber geleitet. Die Familie Sans ist in der Branche sehr bekannt. Der derzeitige Firmenchef Salvador Sans Velasco bereiste die Anbaugebiete auf der ganzen Welt und nimmt regelmäßig an Konferenzen zum Thema teil. Das Wissen der Familie und die Liebe zum Produkt stecken in jedem einzelnen Kaffee, der hier über die Ladentheke geht. Dabei gehört es zur Firmenphilosophie, die unverwechselbaren und einzigartigen Bouquets der verschiedenen Sorten und Anbaugebiete in die Tasse zu bringen.

WEITERE INFORMATIONEN

Santa Maria del Mar: Tägl. 9–13.30 Uhr und 16.30–20 Uhr geöffnet, Eintritt frei, Plaça de Santa Maria, 1.
Kaffeerösterei El Magnífico: Carrer Argenteria 64, Mo–Sa jeweils von 10–20 Uhr geöffnet, Tel. 9 33 19 39 75.

Der größte Park Barcelonas bietet neben Sportmöglichkeiten (oben) viel Kunst im Freien (unten) und jede Menge Architektur wie das Hivernacle (rechts oben). An der Skulpturengruppe der Großen Kaskade hat Gaudí als junger Mann mitgearbeitet (unten rechts).

4 Parc de la Ciutadella

Das Wohnzimmer Barcelonas

Der zentrale Park von Barcelona wurde 1888 als Teil der Weltausstellung eröffnet. Seither ist er beliebtes Naherholungsgebiet und Grüne Lunge der Innenstadt. Doch der Parc de la Ciutadella hat noch mehr zu bieten: Er ist übersät von Kunstdenkmälern der bekanntesten Künstler und Architekten Kataloniens, und es ist bestimmt nicht übertrieben, ihn als Freilicht-Kunstmuseum zu bezeichnen.

Der Park befindet sich im Stadtteil La Ribera, in einem Dreieck zwischen der Estació de França, dem Triumphbogen und dem District Sant Martí. Auf dem Gelände stand zuvor die Zitadelle. Von der Befestigungsanlage sind die Kapelle, der Gouverneurspalast und das ehemalige Arsenal erhalten.

Fortschritt und Unabhängigkeit

Weltausstellungen galten im Zeitalter der Industrialisierung als die wichtigsten politischen, wirtschaftlichen und sozialen Veranstaltungen der Welt. Der Gastgeberstadt versprach sie internationales Ansehen und Aufmerksamkeit sowie einen Schub für die Wirtschaft. 1888 war Barcelona wirtschaftlich und industriell die wichtigste Stadt Spaniens. Politisch war lediglich die Hauptstadt Madrid bedeutender. Barcelona hatte 530 000 Einwohner und war nach schweren Zeiten gerade wieder zu Wohlstand gekommen. Die Stadtmauern wurden Mitte der 1850er-Jahre geschleift und der neue Stadtteil Eixample, das bedeutet »Ausdehnung«, entstand. In dieser Zeit des Aufbruchs wurde in Barcelona sehr viel gebaut, und der Modernismus entwickelte sich als rein katalanische Stilrichtung, ein Symbol für das Streben nach Unabhängigkeit.

Das fast vier Quadratkilometer große Weltausstellungsgelände erstreckte sich vom Parc de la Ciutadella über einen Teil des heutigen Bahnhofs Estació de França bis nach La Barceloneta, zum heutigen Krankenhaus Hospital del Mar.

Berühmte Künstler

Der Parc de la Ciutadella wurde auf dem Reißbrett konzipiert und stand unter dem Motto »Gärten in der Stadt sind wie die Lungen im menschlichen Körper«. Er hat eine Größe von 30 Hektar und wurde in Anlehnung an den Pariser Jardin du Luxembourg von Josep Fontsère ab 1872 geplant. Von diesem katalanischen Baumeister stammt auch die Markthalle Mercat del Born. Im Parc de la Ciutadella wurden die meisten Bauten wie geplant bis zur Weltausstellung fertiggestellt.
Der damals noch unbekannte Architekt Antoni Gaudí (1852–1926) war an der Gestaltung des Wasserfalls »Cascada« beteiligt. Er war zuständig für die Hydraulik

Das Zoologische Museum im Castell dels tres Dragons (oben). Das Hivernacle dient oft als Musikbühne (Mitte). Kunst wohin man schaut (unten). Eine entspannende Bootstour (rechts unten), bei der es sich gut über die jüngst vergoldete Quadriga (oben rechts) diskutieren lässt.

der Anlage, sprich das Fließen und Springen des Wassers, und durfte die Grotte unter der Kaskade entwerfen. Schließlich verewigte sich Gaudí mit seinem Lieblingssymbol, einem steinernen, geflügelten Drachen, den er vor das Wasserbecken setzte. Der Drache symbolisiert Macht und Selbstbestimmung und ist eines der wichtigsten Zeichen im katalanischen Bestreben nach Unabhängigkeit. Die Plastiken der Cascada schufen zeitgenössische Bildhauer wie Rossend Nobas, Venanci Vallmitjana und Manuel Fuxà. Das gesamte Bauwerk ist mit Skulpturen geschmückt, die in Bezug zum Wasser stehen. Darunter die vier Greife, die der Sage nach die Lebenswasser bewachen, Neptun, der Gott des Meeres oder Leda mit dem Schwan, ein beliebtes erotisches Motiv. Über der Venus erhebt sich die schmiedeeiserne Quadriga der Aurora. Aurora ist die Göttin der Morgenröte, die den Geist des Fortschritts und der Freiheit symbolisiert.
Gegenüber der Cascada liegt der See, ein sehr beliebtes Ausflugsziel in Barcelona. Er bildet das Zentrum des Parks und kann mit Ruderbooten befahren werden. Im See gibt es mehrere Inseln, exotische Pflanzen und Wassertiere. Das Ufer wird gern zum Sonnenbaden und Picknicken genutzt. Hier trifft man auf Artisten und Musiker, und viele Einheimische feiern ihre Familienfeste im Park. Läuft man um den See herum, gelangt man zur Plaça de les Armes, dem ehemaligen Waffenplatz der Zitadelle, heute ein Garten. Dahinter erhebt sich der Paulau de la Ciutadella, in dem das katalanische Parlament seinen Sitzt hat. Außerdem beherbergt das Gebäude das Museum für moderne Kunst, das vom Neoklassizismus über Realismus und Modernisme bis zur Avantgarde ausstellt. Auf dem Weg vom Parlamentsgebäude zur südwestlichen Seite des Parks kommt man an der alten Militärkapelle, ebenfalls aus der Zeit der Zitadelle, vorbei.

Jugendstil im Park

Die Bauten aus der Zeit des Modernisme befinden sich am Passeig de Picasso. Vom Parlament aus kommend, trifft man zunächst auf das Umbracle, ein Gewächshaus für Schatten liebende Pflanzen. Der Bau hebt sich durch den Mix der Baustoffe, nämlich Backstein, Glas, Holz und Stahl, von den anderen Gebäuden ab. Die Backsteinfassade mit den gusseisernen Säulen und großen Toren erinnert ein wenig an einen Bahnhof. Das Glashaus ist mit hölzernen Jalousien abgeschattet, die nicht nur die Pflanzen schützen sollen, sondern auch ein sehr hübsches Spiel von Licht und Schatten zaubern.
Daneben befindet sich das Geologische Museum, das 1882 von Antoni Rovira i Trias (1816–1889) im neoklassizistischen Stil erbaut wurde. Hier befinden sich eine große Sammlung von Mineralien, außerdem Exponate zur Petrologie und Paläontologie. Im Erdgeschoss ist eine Dauerausstellung über das nahe Vulkangebiet Olot zu sehen. Nach dem Museum gelangt man zum Wintergarten Hivernacle, ein Pavillon aus Gusseisen und Glas, entworfen von Josep Amargós i Samaranch, nach dessen Plänen auch das Umbracle erbaut wurde. Amargós hatte das Gebäude 1884 geplant und sich die Stahlkonstruktionen von Gustave Eiffel zum Vorbild genommen. Trotzdem wird das Hivernacle dem Jugendstil zugerechnet.

Heute ist hier ein Sommercafé untergebracht, in dem auch Livemusik geboten wird.
Die Burg der drei Drachen, Castell dels tres Dragons, ist ein Backsteinhaus, das dem frühen Modernisme zugerechnet wird. Wie damals üblich, vereint das Gebäude unterschiedliche Baustile, Materialien und Techniken. Die Verzierung der Fassade mit Keramiken wurde hier erstmals wieder angewandt und entwickelte sich zu einer wichtigen Technik des Modernisme. Erbaut wurde das Gebäude 1887 von Lluis Domènech i Montaner. Seit 1920 beherbergt es das Zoologische Museum. Oberhalb des Parc de la Ciutadella, in der Verlängerung des Passeig de Picasso, finden Sie am Passeig Lluís Companys den Triumphbogen, ein weiteres wichtiges Symbol der Stadt. Der Bogen war nicht nur das Tor zur Weltausstellung, sondern er markiert auch den Anfang des Modernisme in Barcelona. Auch auf dem offiziellen Plakat der Weltausstellung war er abgebildet.
Am unteren Ende des Parks befindet sich der Zoologische Garten, der 1892 eröffnet wurde und heute auf einer Fläche von 13 Hektar mehr als 7500 Tiere aus über 500 Arten beherbergt. Die Schwerpunkte des Tierparks sind Menschenaffen und das Delfinarium. Auf dem Gelände befindet sich auch die beliebte Plastik »Dame mit Regenschirm«.

PATISSERIA HOFMANN – SCHOKOLADENTRÄUME

Ganz in der Nähe des Parc de la Ciutadella finden Sie eine hervorragende Konditorei. Hier gibt es Butter-, Mandel- und Himbeer-Croissants, Zitronen-, Schokoladen- und Vanillekuchen, Tiramisu, Schwarzwälder Kirsch und jede Menge hausgemachter Törtchen, Plätzchen und Desserts. Natürlich ist dies nur eine kleine Auswahl der wunderbaren Leckereien, die Sie in der derzeit angesagtesten Patisserie Barcelonas probieren können. Hier muss Naschen einmal erlaubt sein! Neben der Patisserie betreibt die renommierte spanische Köchin und Konditorin Mey Hofmann eine Konditorenschule sowie ein Restaurant. Ihre Adresse zählt zu den allerbesten der Stadt und ist in ganz Spanien bekannt.

WEITERE INFORMATIONEN

Parc de la Ciutadella und **Zoo Barcelona** sind täglich ab 10 Uhr geöffnet, der Eintritt zum Park ist kostenlos, www.zoobarcelona.cat
Patisseria Hofmann: Täglich 9–14 Uhr und Mo–Mi außerdem 15.30–20 Uhr, Do–Sa bis 20.30 Uhr geöffnet, Carrer dels Flassaders 44.

Unter dem Gebäude des alten Gemüsemarktes (oben) sieht man die Reste des mittelalterlichen Viertels (unten), die bei Restaurierungsarbeiten entdeckt wurden (rechts). Drei Jahrhunderte Geschichte sind hier zusammengefasst.

5 Born Centre Cultural

Die alte Markthalle

Im September 2013 eröffnete das Born Centre Cultural, das neue Highlight des Viertels La Ribera. Die Großmarkthalle war rund 100 Jahre lang das Herz der Stadt, und so hatten sich die Barcelonesen vehement gegen den Abriss des Gebäudes gewehrt. Ein Kulturzentrum mit Bibliothek sollte es werden. Doch dann, ganz unerwartet, wurde es zum einzigartigen Zeitzeugen der Geschichte Kataloniens.

Das Gebäude der alten Markthalle liegt am Rand des Viertels La Ribera und bildet die Stirnseite des bekannten Passeig del Born. Seine offene Gusseisenkonstruktion ist eine Arbeit von Josep Fontserè, der als wichtiger Wegbereiter des Modernisme gilt. Von ihm stammt auch die Bebauung des Parc de la Ciutadella. Fontserè wurde unterstützt vom Ingenieur Josep M. Cornet. Zusammen entwarfen sie das riesige Gebäude nach dem Vorbild von »Les Halles« in Paris. Die Markthalle wurde 1878 eröffnet.
Die Konstruktion besticht durch ihre einzigartige Leichtigkeit und Transparenz, weshalb die Halle schon bald »Kathedrale aus Glas und Stein« genannt wurde. Ihre Ausmaße und Architektur erinnern tatsächlich an einen Kirchenbau. El Born wurde zentraler Markt und versorgte die gesamte Stadt mit Obst und Gemüse. Als sie nach genau einem Jahrhundert geschlossen wurde, bedeutete das einen tiefen Einschnitt für das Viertel.

Wiederentdeckte Geschichte

Zunächst hatte die Stadtverwaltung entschieden, die alte Markthalle zur neuen Landesbibliothek von Katalonien umzubauen und die Bücher dort unterirdisch einzulagern. Baubeginn war 2002 und kurz danach stieß man bei den Aushubarbeiten auf Reste der zum Teil gotischen Altstadt, die 1714 durch den Bourbonenkönig Felipe V. dem Erdboden gleichgemacht worden war.
Hintergrund der Zerstörung von circa 20 Prozent der damaligen Stadtbebauung war, dass sich Katalonien während des Spanischen Erbfolgekriegs (1701–1714) auf die Seite der Habsburger und damit gegen die Bourbonen gestellt hatte. Am 11. September 1714 musste Barcelona kapitulieren und verlor seine Unabhängigkeit. Um ein Exempel zu statuieren, ließ Felipe V. den Stadtteil Ribera einebnen und auf dem Gelände eine Zitadelle errichten. Dabei wurden damals rund 1000 Wohnhäuser zerstört und die darin lebenden Familien meist obdachlos.
Bis dahin hatte man diesen Teil des historischen Barcelona für immer verloren geglaubt, und so kam es schon fast einem Wunder gleich, als man in den Fundamenten der Alten Markthalle auf einer

Fläche von 8000 Quadratmetern die Überreste von 62 Häusern, 23 Brunnen, elf Werkstätten, 20 Geschäften und 360 Metern Straße entdeckte. Die Bevölkerung war damals der einhelligen Meinung, dass dieser Fund in jedem Fall erhalten werden sollte – und damit war nun auch der bereits geplante Bau einer Landesbibliothek hinfällig.

Zeichen der Unabhängigkeit

Das neue Konzept, nach Anregung des Historikers Albert Garcia Espuche, sah ein Dokumentationszentrum über den Verlust der katalanischen Selbstständigkeit vor. Die alte Stadtbebauung sollte freigelegt und zum Herzstück der Ausstellung werden. Die Bauarbeiten wurden schließlich nach drei Jahren aufgenommen, unter der Leitung der Architekten Enric Sòria i Badia und Rafael de Cáceres Zurita, die beide bereits große Projekte in Barcelona realisiert hatten.
Sie gaben der weitläufigen Markthalle eine innere Hülle. Dabei sollte die gusseiserne Konstruktion des Gebäudes erhalten bleiben, um sie ständig präsent und erlebbar zu machen. Die Hülle erfüllt nun die klimatechnischen Aufgaben, um die Ruinen der alten Stadt zu konservieren. Ihre 152 gusseisernen Pfeiler bekamen neue Fundamente, die bis hinunter zu den Ausgrabungen reichen – und man brachte Stege an, die um die Ausgrabungen herumführen. Geschlossene Räume und Galerien, die zusätzliche Ausstellungsflächen bieten, verschiedene Restaurants und Bars sowie eine Bibliothek ergänzen nun die Anlage. Die Markthalle wurde dabei aber nicht aus den Augen verloren und bleibt wichtigstes Element des neuen Born Centre Cultural.

TAPASBAR EL XAMPANYET

Einfach und urig, aber sehr authentisch ist die Tapasbar in der Carrer Montcada nahe des Picasso-Museums. Die Bar besteht seit 1929 und zählt zu den original katalanischen Highlights der Stadt. Hier bekommt man Schinken, Fisch, Käse und Wein, serviert an Stehtischen und mit jeder Menge Gewusel und Lärm. Trotzdem sollte man sich einen Besuch gönnen, denn die Betreiber, etwa im selben Alter wie die Bar, sind sehr freundlich und aufmerksam und die Preise durchaus moderat. Für 20 bis 30 Euro pro Person kann man hier reichlich essen und gut trinken.

WEITERE INFORMATIONEN

El Xampanyet: Täglich 12–16 Uhr und 19–23.15 Uhr geöffnet. Carrer Montcada 22, Tel. 9 33 19 70 03.
Born Centre Cultural:
www.elborncentrecultural.bcn.cat

Das Dach des Marktes ist eine Hommage an Gaudí (oben) und so farbenfroh wie die Stände darunter (unten). Für das leibliche Wohl vor Ort wird im »Cuines« gesorgt (rechts unten).

6 El Mercat de Santa Caterina

Gelungene Sanierung

Die Markthalle bietet, was Augen und Gaumen beglückt: Ein vielfältiges Warenangebot, frisch und von guter Qualität. Ringsum gibt es jede Menge Restaurants und Bars. Hier kaufen die Einheimischen ein, hier pulsiert das Leben, hier ist der Treffpunkt des Viertels. Wenn man schließlich vom Erlebnis Einkauf genug hat, begibt man sich auf Entdeckungsreise zur Architektur und Archäologie der Stadt.

Im Barri Santa Caterina, östlich des gotischen Viertels, zwischen Picasso-Museum und Palau de la Música Catalana liegt die Santa-Caterina-Markthalle. Man erreicht sie mühelos mit der Metro L4 bis Plaza Jaume I oder per Touristikbus bis zur Haltestelle Barri Gòtic.

Älteste Markthalle

Das Gebäude wurde 1848 fertiggestellt und war die erste überdachte Markthalle Barcelonas. Auf dem Grundstück hatte zuvor das Kloster der heiligen Caterina gestanden, bevor es der Stadt überlassen wurde. Nach der Fertigstellung der Markthalle wurde sie schnell zu einem wichtigen innerstädtischen Handelszentrum. Doch Ende des 20. Jahrhunderts war ihr Glanz verloschen. In der Nachbarschaft standen triste Wohnblocks, und das Gebäude selbst war so baufällig, dass viele Einwohner für dessen Abriss plädierten.

Den Architekten Enric Miralles und Benedetta Tagliabue ist es zu verdanken, dass der Markt dennoch erhalten blieb. Sie entwickelten ein Gesamtkonzept zur Sanierung des Gebäudes und erhielten, nach langen Verhandlungen, den Zuschlag für die Umsetzung. Bald schon wurde das Projekt ausgedehnt und schloss die Neugestaltung des Wohngebietes, einen Parkplatz und eine Bio-Müllanlage mit ein. Insgesamt wurde daraus ein sehr gelungenes Beispiel für eine Stadterneuerungsmaßnahme, die wieder Leben in ein Viertel bringt. Enric Miralles erlebte die Fertigstellung im Jahr 2005 nicht mehr. Er starb fünf Jahre zuvor.

Bedachung einmal anders

Der Mercat de Santa Caterina gehört längst zu den herausragenden Sehenswürdigkeiten des modernen Barcelona. Er verdankt seinen Stellenwert vor allem seiner außergewöhnlichen Dachkonstruktion, die so viel Aufmerksamkeit erregt, dass die Markthalle neben der Sagrada Família und dem Dom zu einem der bekanntesten Wahrzeichen Barcelonas wurde. Das Dach ist, abgesehen von Bogen und Rundungen, mit sechseckigen Fliesen gedeckt, die Früchte und Gemüse darstellen sollen. Sie erstrahlen in Rot, Gelb, Grün, Orange und Lila und gleichen damit zumindest farblich dem

reichhaltigen Angebot der Marktstände im Inneren. Drei Seitenwände des alten Marktes sowie die Eingangstüren sind noch erhalten. Die Fassade dagegen wurde mit dem Umbau inzwischen völlig neu gestaltet.

Archäologische Funde

1997 begannen die Restaurierungsarbeiten, die aber bald wieder eingestellt werden mussten. Man war auf die Überreste des Dominikanerklosters Santa Caterina aus dem 15. Jahrhundert gestoßen, das 1835 abgebrannt war. Nachdem weitere religiöse Gebäude sowie ein römischer Friedhof entdeckt worden waren, entschieden sich die hinzugezogenen Archäologen, gemeinsam mit den Architekten, im neuen Markt ein kleines Museum einzurichten. Es befindet sich in der östlichen Ecke der Markthalle. Hier sind die konservierten Reste des Dominikanerklosters ausgestellt, und es gibt einen virtuellen Rundgang. Er zeigt und erläutert die verschiedenen Etappen des Klosterbaus und ermöglicht den Besuchern so, das mittelalterliche Barcelona zu erkunden. Egal, zu welcher Tageszeit Sie den Markt besuchen, es gibt dort immer etwas Leckeres zu essen. Ob an den Ständen oder in den Cafés, Bars und Restaurants. Unser Tipp: Gehen Sie ausnahmsweise mit knurrendem Magen los. Die Markthalle ist von Montag bis Samstag immer vormittags geöffnet, Restaurants teilweise auch durchgehend. Eines davon ist die beliebte Tapasbar Cuines de Santa Caterina, direkt in der Markthalle. Sie gehört zur Gruppe Tragaluz, die eine Reihe guter Restaurants in Barelona betreibt.

KATHEDRALE SANTA EULALIA

Ganz in der Nähe der Markthalle Santa Caterina finden Sie an der Plaça de la Seu die Kathedrale von Barcelona, die mit vollem Namen Catedral de la Santa Creu i Santa Eulàlia heißt. Sie ist der heiligen Eulàlia geweiht, deren Grab sich in der Krypta befindet. Mit einer Grundfläche von 90 mal 40 m und einer Höhe von 26 m ist sie eines der imposantesten Bauwerke der katalanischen Gotik. Sie wurde 1298–1448 erbaut, wobei sie damals nicht fertiggestellt wurde. Geweiht wurde sie bereits 1384. Besonders interessant ist ein Vergleich mit der Basilika Maria del Mar, die zur selben Zeit erbaut wurde, jedoch innerhalb von nur 50 Jahren. Die Besichtigung der Kathedrale ist kostenlos, sie ist Mo–Sa von 8.30–12.45 und 17.15–19.30 Uhr, an Sonn- und Feiertagen 8.30–13.45 und 17.30–19.30 Uhr geöffnet. Die Besichtigung des Chores, des Kapitelsaals und der Aufstieg zum Dach sind kostenpflichtig.

WEITERE INFORMATIONEN

El Mercat de Santa Caterina: www.mercatsantacaterina.com und www.grupotragaluz.com (Restaurantbetreiber Gruppe Tragaluz)
Santa Eulalia: www.catedralbcn.org

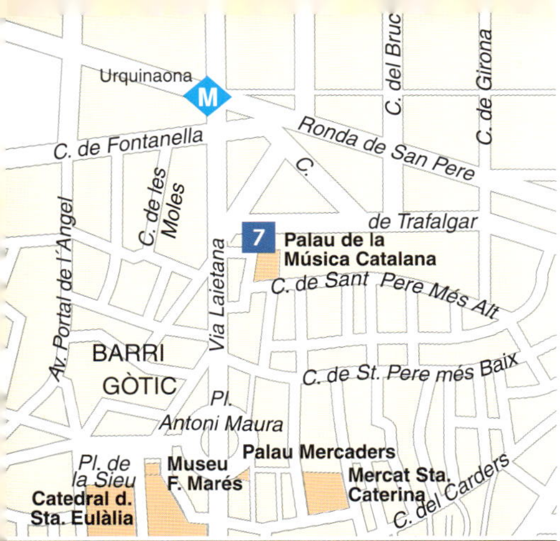

Die prunkvollen Gänge und Treppen im Konzertsaal (oben und unten) sind allein schon eine Besichtigung wert. Die fantastische Deckenlaterne (rechts unten) und die Bühnendekoration (oben rechts) runden die Innendekoration ab.

7 Palau de la Música Catalana

Eine Jugendstil-Schönheit

Der Musikpalast ist der beliebteste Konzertsaal in Barcelona und ein Meilenstein des katalanischen Jugendstils. Er ist in jeder Hinsicht bemerkenswert. Der Konzertsaal bietet mehr als 2000 Besuchern Platz, die besten Interpreten und Dirigenten der Welt traten hier auf, darunter Richard Strauss, Igor Strawinsky und Arthur Rubinstein. Seit 1997 zählt der Palast zum Weltkulturerbe der UNESCO.

Das Gebäude liegt im Barri Sant Pere, nördlich der Kathedrale. Nachträglich wurde eine benachbarte Kirche abgerissen, wodurch ein großzügiger Vorplatz entstand. Das Konzerthaus kann nun auch äußerlich seine ganze Pracht und seinen architektonischen Reichtum entfalten. Im Zuge von Renovierungsarbeiten kam ein neues Portal in der Carrer Palau de la Música hinzu, der historische Eingang befindet sich in der Carrer Sant Pere Mes Alt.

Der Bau des Musikpalastes geht zurück auf eine Initiative der Chorgemeinschaft »Orfeó Català«, die die Finanzierung durch private Mittel sicherte. Als Architekt wurde Lluís Domènech i Montaner (1850–1923) gewonnen, einer der wichtigsten Vertreter des Modernisme. Nach nur drei Jahren Bauzeit konnte das Gebäude 1908 eingeweiht werden. Der Konzertsaal war ursprünglich für Gesangs- und Orchesterkonzerte geplant, seine Akustik war jedoch so exzellent, dass der Palau de la Música Catalana schon bald zum Kleinod und Aushängeschild der katalanischen Musikszene wurde.

Von 1982 bis 2008 wurde der Palast unter der Leitung des Architekten Òscar Tusquets restauriert und erweitert. Dabei entstand auch der »Petit Palau«, ein Konzertsaal in 11 Metern Tiefe, der Platz für weitere 538 Personen bietet.

Stilmix

Der Entwurf Montaners zeichnet sich durch große Originalität aus. Außen mischen sich bildhauerische Elemente mit Elementen aus der barocken Architektur. Durch die Verbindung von Stahl und Ziegelstein erhält der Bau eine netzartige Struktur, die auf Geschosse und Mauern verzichtet. Dadurch wird Raum gewonnen und gleichzeitig die Akustik perfektioniert. In die Stahlkonstruktion wurden Glaswände eingezogen, was für die damalige Zeit ein absolutes Novum war. Der Palast vereinigt die angewandten Künste, vor allem Bildhauerei, Keramik, Glas- und Schmiedekunst. Das Innere ist fast vollständig mit Fliesen verkleidet, auf denen florale Motive vorherrschen. Dabei verzichtete man auf die Einhaltung traditioneller Regeln und reihte die Ornamente frei aneinander. Das Ergebnis ist

ein einzigartiges Zusammenspiel von Farben und Formen, die sich überraschend harmonisch zu einer Einheit verbinden. Vor den farb- und formenreichen Hintergründen der Bühne sind Skulpturen in die Wände eingelassen, die ab ihrer Körpermitte in Mosaike übergehen. Ein frecher Stilmix, der typisch ist für den Modernisme. Hier setzt sich der Wagemut der Architektur in der Dekoration fort.

Gesamtkunstwerk

Betritt man das Foyer durch den alten Eingang, fällt sofort die Weitläufigkeit des Raumes auf. Säulen tragen eine Gewölbedecke aus glasierten Fliesen und floralen Reliefs. Eine große Doppeltreppe, von Laternen gesäumt, führt in den ersten Stock. Ihr Geländer ist aus Stein, die Säulen der Balustrade sind aus Glas – fast wirkt es, als würde der Stein schweben.

Das Foyer trennt den Eingangsbereich vom Konzertsaal.
Im ersten Stock liegt die Sala Lluís Millet, eine Wandelhalle mit einer imposanten Deckenlampe und sehr schönen Buntglasfenstern. Auch die Türen sind aus Glas. Von diesem Raum aus gelangt man auf den Balkon an der Carrer Sant Pere Mes Alt, dessen Säulen alle unterschiedlich gestaltet sind. Um den Saal mit Tageslicht zu versorgen, ließ der Architekt ein rechteckiges Dachfenster einbauen, dessen bunte Flächen nach unten hin in einer Tropfenform verlaufen. Traditionell finden im Palau de la Música Catalana auch Theateraufführungen, politische Akte, kulturelle Events und Pressekonferenzen statt. Für die Kammermusik- und Popkonzerte wurden inzwischen modernste Technik eingebaut und die vorhandene Einrichtung optimiert.

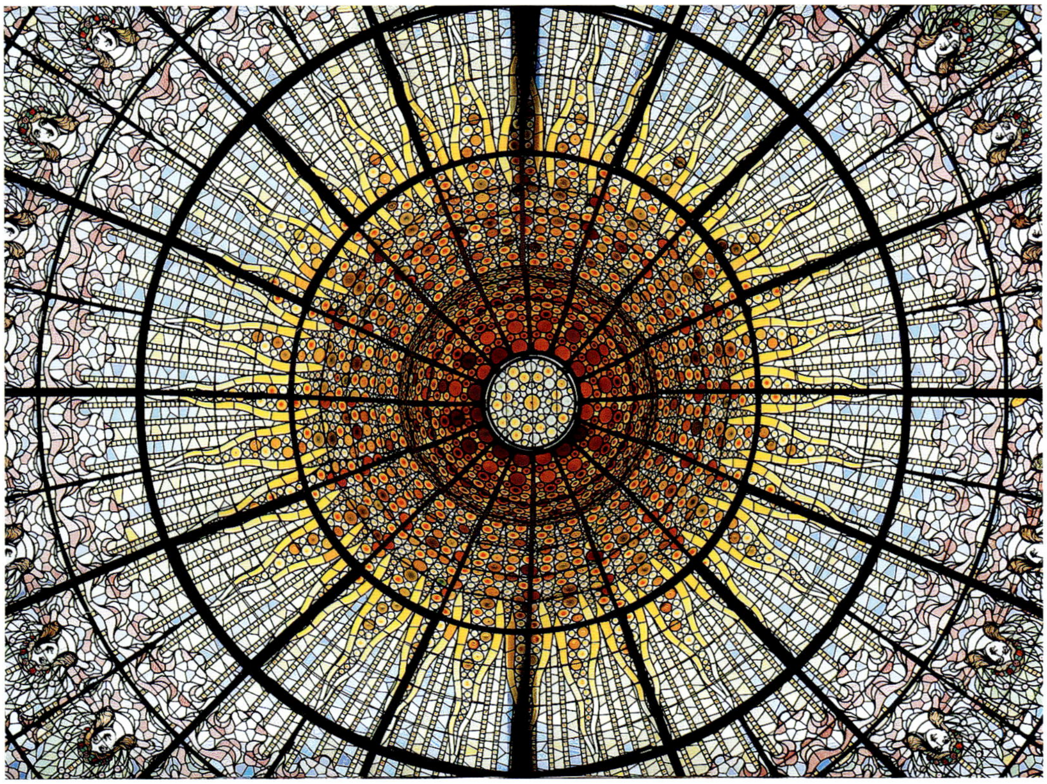

KONZERTE IM ORANGENHOF

Ein Turmglockenspiel, ein sogenanntes Carillon, das manuell spielbar ist, kann man im Orangenhof hören. Weltweit gibt es einige Hundert dieser Instrumente, darunter auch neue, beispielsweise eines in Berlin aus dem Jahr 1987. Gespielt wird das Carillon in Barcelona seit 1988 von Anna Maria Reverté, eine der weltbesten Carillonneure. Sie gewann sämtliche Wettbewerbe und gibt Konzerte auf der ganzen Welt. Reverté spielte bereits einige CDs ein, schuf Werke für Solocarillon und Carillon mit verschiedenen Ensembles und bearbeitete über 400 Stücke für das Carillon. Ihrer Wirkungsstätte im Palau de la Generalitat ist sie indes immer treu geblieben.

WEITERE INFORMATIONEN

Konzerte: Jeden ersten So im Monat, außer Aug. und Sept., im Orangenhof des Palau de la Generalitat, Plaça de Sant Jaume, 12 Uhr. Mo–Fr sind die Glocken um 12 und 18 Uhr in den Straßen des Barri Gòtic zu hören. Natürlich gratis.
Website: www.palaumusica.cat

Der einzigartige Palau de la Música Catalana gehört seit 1997 zum Weltkulturerbe der UNESCO.

Ein Besuch der Kapelle Santa Ágata (oben), des Museu Frederic Marès (Mitte) und der Plaça Reial (unten) lohnen immer. Eines der schönsten Cafés der Plaça Reial ist das Ocaña. Hier ist immer etwas los (rechts).

Barri Gòtic – die Altstadt

In den alten Gassen des »Call« (oben) ist das jüdische Leben zurückgekehrt (unten). Zentrum des »Call« ist die Alte Synagoge (rechte Seite).

8 El Call

Das alte Judenviertel neu entdeckt

Die Carrer del Call führt in ein Labyrinth aus kleinen, dunklen Gassen. Im Mittelalter nannte man das jüdische Viertel »El Call«. Hier lebten ausschließlich Juden – und es gab Schulen, Kindergärten, Bäder und Krankenhäuser. Damals waren sie es, die Kultur und Wissenschaft entwickelten, Bildungsstätten und Universitäten gründeten und die Stadt mit Ärzten versorgten.

El Call lag im Barri Gòtic, im Bezirk Ciutat Vella, zwischen der Plaça de Catalunya und dem Hafen. Hier befinden sich heute das Rathaus und der Sitz der katalanischen Regierung sowie das alte Judenviertel »El Call«. Es entstand bereits im 2. Jahrhundert v. Chr. und lag schon damals in der Nähe des Stadtzentrums, das heute durch die Plaça de Sant Jaume markiert wird. Und genau hier hatte es auch seinen einzigen Zugang. Angeblich, um seine Bewohner zu schützen.

Juden in Spanien

Über Jahrhunderte lebten die drei großen Religionen recht friedlich in Spanien zusammen. Dem Land sicherte dies einen großen Vorsprung in Wissenschaft, Wirtschaft, Agrartechnik, Kunst und Kultur. Doch mit der Vertreibung der Mauren durch die Katholischen Könige und der Entdeckung von Amerika wendete sich das Schicksal auch für die Juden. Im sogenannten Goldenen Zeitalter gewannen die Christen die Oberhand und schränkten die Freiheit der Andersgläubigen immer weiter ein. Mittel der Kirche war die Inquisition.

Im Hochmittelalter waren die Juden in Barcelona führend in Handel und Kultur gewesen und hatten hohe Positionen in Staat und Gesellschaft eingenommen. König Alfons VI., König von Kastilien von 1072 bis 1109, hatte einen jüdischen Leibarzt und setzte sich für die Juden ein. Doch nach seinem Tod kam es zunehmend zu Judenverfolgungen. Obwohl König und Adel durchaus eine judenfreundliche Politik vertraten, wuchs der Antisemitismus von Kirche und Bürgertum. Im Jahr 1243 ordnete Jaume I. die vollständige Separation der jüdischen Bewohner an. Fortan mussten sie im »Call« leben und zusätzlich Kennzeichen an ihrer Kleidung tragen. 1348 wurden Hunderte von ihnen ermordet, weil man sie für das Ausbrechen der Pest verantwortlich machte. 1391 starben bei einem Aufstand im »Call« fast 300 Juden, und 1401 wurden alle Synagogen und jüdischen Friedhöfe zerstört. 1492 wurde das Judentum in ganz Spanien verboten.

Jüdische Spuren

El Call erstreckte sich über ein Labyrinth von kleinen Gassen, die es auch heute

noch gibt und in denen man sich leicht verlaufen kann. Die Kirche Sant Jaume, die früher an der Plaça Sant Jaume und heute in der Carrer Ferran 28 steht, war ursprünglich eine Synagoge, die zerstört und 1394 als Kirche wieder aufgebaut wurde. Heute finden in der Kirche häufig Konzerte statt. Das Judenviertel von einst lag zwischen den Straßen Carrer de la Palla, im weiteren Verlauf Carrer dels Banys Nous, Carrer del Call, Plaça de Sant Jaume und Carrer Bisbe. Im Mittelalter gab es hier zwei weitere Synagogen, die jedoch zerstört bzw. entweiht wurden. In der engen und dunklen Gasse Carrer Sant Domènec del Call befinden sich einige der ältesten Gebäude. Sie war einst die Hauptstraße des Viertels. Die Plaça Sant Felip Neri ist identisch mit einem alten Friedhof, der »Montjuc del Bisbe« hieß. In der Carrer de Sant Honorat lebten wahrscheinlich die Gelehrten und Chirurgen, denn von hier aus gelangte man sehr schnell zum Königspalast.
Das Museum der Geschichte Barcelonas, MUHBA – El Call, hat im alten jüdischen Viertel eine Zweigstelle. Sie befindet sich in der Casa del Alquimista (auch: Casa del Rabino), einem Gebäude aus dem 14. Jahrhundert. Dieses Haus ist eines der wenigen, die ihr originales Erscheinungsbild wenigstens im Ansatz behalten haben. Im Zentrum werden Objekte des täglichen Lebens aus dem 13. und 14. Jahrhundert ausgestellt. Dazu gehört auch Geschirr aus einer katalanischen Manufaktur des Mittelalters. Darüber hinaus kann man hier Touren durch das Viertel buchen, und es gibt Verkostungen der jüdisch-katalanischen Küche.

SINAGOGA MEDIEVAL DE BARCELONA

In der Carrer de Malet wurde 1995 die Sinagoga Medieval de Barcelona wiederentdeckt, die 600 Jahre als verloren galt. Überliefert war nur noch, dass das Gebäude 1396 an einen Färber vermietet worden war. Der Verein, der sich um die Restaurierung des Gebäudes kümmert, erhebt für die Synagoge den Anspruch, die älteste von ganz Spanien zu sein. Sie wurde bereits in einer königlichen Urkunde aus dem Jahr 1267 erwähnt. Ganz in der Nähe der Sinagoga Medieval ist am Haus mit der Nummer 1 ein Stein eingelassen, der eine hebräische Inschrift aus dem Jahr 1314 trägt. »Heilige Spende des Rabbi Samuel Hassardi, für den das Leben niemals endet«, steht dort geschrieben.

WEITERE INFORMATIONEN

Sinagoga Medieval de Barcelona: Im Sommer von Mo–Fr 10–18.30 Uhr sowie Sa und So 10.30–14.30 Uhr; im Winter Mo–Fr 11–17.30 Uhr sowie Sa und So 11–15 Uhr geöffnet. Carrer de Marlet, 5, Tel. 9 33 17 07 90.
El Call: www.www.calldebarcelona.org

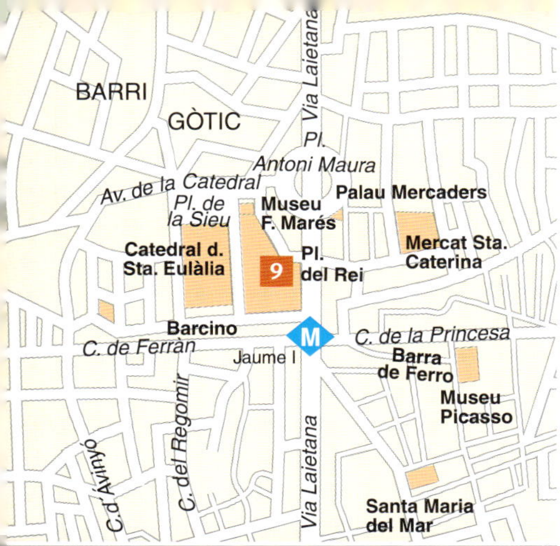

Einer der großartigsten Säle des Barri Gòtic ist der Saló del Tinell (oben). Unterhalb der Plaça del Rei lohnt ein Besuch des Museu d'Historia (unten). Welch großartigen Blick der König vom Mirador aus gehabt haben muss … (rechts)

9 Plaça del Rei

Verstecktes Juwel

Die Plaça del Rei ist einer der unscheinbarsten, aber schönsten Plätze der Stadt. Sie liegt inmitten der Altstadt, und in der Enge der kleinen Gassen ist sie nur schwer zu finden, denn auch der Zugang ist sehr schmal und wird leicht übersehen. Jahrhundertelang zählte der Platz zu den vornehmsten Orten von Barcelona, und noch heute kann man hier Reste von römischen Ruinen und Mauerteile des alten Barcino besichtigen.

Am besten gelangt man zur Plaça del Rei, wenn man von der Metro-Station Jaume I aus in Richtung Kathedrale läuft. Ein kleines Schlupfloch führt von der Südseite aus zum Platz des Königs. Seine Abgeschiedenheit und sein Ambiente machen ihn so besonders. An seiner rechten Seite befindet sich die Capella de Santa Àgata sowie das Museum der Geschichte Barcelonas, das MUHBA. Auf der linken Seite erhebt sich der Palau de Lloctinent, der alte Palast der Vizekönige. Am Ende des Platzes steht der Palau Reial Major, die hochkönigliche Residenz der Grafen von Barcelona und der Könige von Aragón.

Der Palast des Königs

Der Eingang des Palau Reial Major liegt direkt an der Plaça del Rei. Im 11. Jahrhundert wurde das Grundstück planiert und ein romanischer Palast erbaut. Im 12. Jahrhundert wurden Wandmalereien angebracht, die man heute im MUHBA ansehen kann. Als die Grafen von Barcelona durch Heirat auch über Aragón und Teile Siziliens herrschten, begannen umfangreiche Umbauarbeiten. An der südöstlichen Seite des Hofes wurde ein neuer gotischer Flügel errichtet, der über dem Erdgeschoss ein doppelt so hohes Hauptgeschoss trägt. Er ist mit Bogen und dreiteiligen Fenstern ausgestattet. Im Jahr 1403 ließ König Martín el Humano, der Humane, den Platz erweitern. Der Markt wurde verlegt, und man gewann genug Raum, um an der Plaça del Rei Turniere abzuhalten.

Der Saló del Tinell, ein Zeremonienraum, wurde unter Pedro III. zwischen 1359 und 1362 erbaut. Dort empfingen die Katholischen Könige Christoph Kolumbus nach seiner Rückkehr aus Amerika. Der Raum hat eine Länge von 33,5 Metern und ist 17 Meter breit. Seine Höhe beträgt beeindruckende 12 Meter. Besonders die Dachkonstruktion ist spektakulär. Ein Rippengewölbe mit mächtigen Längsbogen überspannt den Raum auf der gesamten Länge und reicht fast bis zum Boden. Auf den Bogen ruhen die Holzbalken, die das Dach tragen. Die Last wird von Strebepfeilern aufgenommen, die an den seitlichen Außenmauern verlaufen. Diese Technik wurde so nur in Katalonien angewendet. Nach der Auf-

hebung der Selbstständigkeit Kataloniens durch den Bourbonenkönig Felipe V. im Jahr 1715 wurde der Königspalast an den Orden der Klarissinnen gegeben. Heute gehören der Saló del Tinell und die Kapelle der Heiligen Àgata zum Museu d'Història de Barcelona.

Von der Romanik bis zum Barock

Direkt neben dem Palau Reial Major befindet sich die Kapelle der Heiligen Àgata, die König Jaime II., auch Jakob II., von Aragón 1302 erbauen ließ. Sie wurde direkt in die römische Stadtmauer hineingesetzt. Die Kapelle beherbergt einen berühmten Flügelalter, ein Retabel mit einem Porträt des Vizekönigs Pedro de Portugal, das der Künstler Jaume Huguet im Jahr 1465 schuf und das als Meilenstein der katalanischen Malerei gilt. Rechts neben dem Altar führt eine Treppe hinauf zum Turm. Der Palast der Vizekönige von Katalonien, Palau de Lloctinent, ist eines der wenigen Beispiele für die Architektur der Renaissance in Barcelona. Er wurde 1549 von Carlos I. in Auftrag gegeben und 1555 mit dem Bau des fünfstöckigen Turmes »Mirador del Rey Martín« fertiggestellt. Der Turm diente nicht nur zur Aussicht, sondern er erfüllte auch Verteidigungszwecke. Von 1836 bis in das Jahr 1994 wurde der Palast als Generalarchiv der Krone von Aragón genutzt.

Besonders in den lauen Sommernächten am Wochenende treffen sich die Einheimischen auf der Plaça del Rei zum Tanz. Bei Volksmusik und traditionellen Tänzen, die man zum Teil mit einem Partner, aber auch als Reigen tanzt, ist jeder willkommen, um mitzufeiern – natürlich vorausgesetzt, er beherrscht die Schritte.

OCAÑA, PLAÇA REIAL

Das Ocaña setzt sich aus vier verschiedenen Räumen zusammen: einem Café, einem Restaurant und einer Bar, der sogenannten »Apotheke«. Die Pforten sind am Wochenende von 12 Uhr mittags bis 3 Uhr nachts geöffnet und bieten verschiedene Möglichkeiten, es sich so richtig gutgehen zu lassen. Sie könnten beispielsweise einen Vermuth auf der Terrasse nehmen und dem Treiben auf der Plaça Reial zusehen, sich dann zum Mittagessen ins Restaurant begeben und danach einen »Solo« im Café bestellen. Vielleicht gefällt es Ihnen auch, ein paar Bierchen oder den einen oder anderen Cocktail in der »Apotheke« zu genießen und den Nachtklub zu besuchen, der ausgewählte DJs präsentiert. Sämtliche Lokalitäten befinden sich in historischem Gemäuer, was für eine ganz außergewöhnliche Atmosphäre sorgt. Der Name geht zurück auf den berühmten Travestiekünstler José Pérez Ocaña, der die Ramblas zu seiner Bühne machte und 1983 im Alter von nur 36 Jahren starb.

WEITERE INFORMATIONEN

Ocaña: Plaça Reial 13–15,
Tel. 9 36 76 48 14, www.ocana.cat
MUHBA: www.museuhistoria.bcn.cat

Das Wachsmuseum (oben) liegt am Ende der Ramblas und unterhalb der Carrer de Ferran, einer belebten Fußgängerzone, die von den Ramblas abzweigt (unten). Plätze wie die Plaça Nova (rechts oben) und die Plaça Reial (rechts unten) sind beliebte Treffpunkte.

10 Barcino

Die römische Stadt

Barcelona geht auf eine römische Siedlung aus dem 1. Jahrhundert v. Chr. zurück. Sie diente als Wohnstätte für pensionierte Soldaten und war winzig und unbedeutend gegenüber dem imposanten und wichtigen Tarragona. Doch die kleine Kolonie ergriff ihre Chancen, die sie durch die Lage an einer wichtigen römischen Handelsroute hatte, und entwickelte sich. Zaghaft zunächst, doch dann gewaltig.

Im ältesten Teil der Stadt, im Zentrum, der Ciutat Vella, finden sich einige Überreste aus römischer Zeit. Zum Teil sind sie in spätere Gebäude integriert oder sie stehen einfach da, sodass man fast darüber stolpert oder hineinfällt. Jeder archäologische Fund ist gekennzeichnet, so erkennt man gleich, um was es sich handelt. Es gibt noch Reste des großen Tempels und der Stadtmauer, Säulen, Gräber und eine riesige Siedlung. Diese befindet sich im Museu d'Història de la Ciutat, dem Stadtgeschichtlichen Museum MUHBA an der Plaça del Rei.

Historischer Überblick

Die römische Herrschaft über Barcelona dauerte vom 2. Jahrhundert v. Chr. bis ins 4. Jahrhundert n. Chr. und wurde 479 durch die Westgoten beendet. Aus vorchristlicher Zeit ist wenig überliefert. Die Römer übernahmen zunächst die Kontrolle über das Gebiet um Barcelona, Tarragona (Tarraco) und Saragossa (Caesaraugusta), wobei Tarragona und Saragossa die Hauptstädte waren. Von hier aus eroberten sie in den Kantabrischen Kriegen die restliche Iberische Halbinsel. Unter Kaiser Augustus wurde der Krieg 19 v. Chr. siegreich beendet. Etwa im Jahr 10 v. Chr. gründete Augustus das Castrum »Colonia Iulia Augusta Paterna Faventia Barcino«. In Barcino lebten ehemalige Soldaten mit ihren Familien, und so war es zunächst auch nicht mehr als ein Militärlager, das unter der Kontrolle von Tarragona stand. Die Niederlassung entwickelte sich und wurde schließlich zur Stadt. Seine Blütezeit hatte Barcino in der Zeit von 100 bis 400 n. Chr. Das hatte es vor allem seiner strategisch günstigen Lage in der Nähe der Via Augusta zu verdanken, wohl aber auch der Tatsache, dass die verdienten römischen Soldaten keine Steuern zahlen mussten. Rund um Barcino wurden Obst, Gemüse und Wein angebaut, und es gab eine florierende Fischindustrie. Die Waren wurden in das gesamte Römische Reich geliefert. Bis zu 5000 Menschen lebten dort – und sie waren nicht gerade arm. Das lässt sich an Funden aus der Zeit belegen.

Trotz ihrer Größe und ihres relativen Reichtums besaß die Stadt aber keine Prachtbauten. Weder ein Amphitheater

CAIXA CATALUNYA
CAIXA CATALUNYA

Barcelona hat viele Facetten. Dazu tragen die bunten Videoprojektionen auf der Fassade des Palau de la Generalitat (oben) genauso bei wie extravagante Passanten (Mitte), kulinarische Leckerbissen wie im Café Caelum (unten) oder die detailverliebten Hausfassaden in der Nähe der Plaça del Pi (rechts).

noch einen Circus gab es hier. Das einzige große Gebäude war wohl der Augustustempel aus dem 1. Jahrhundert. Mit einer Länge von 35 Metern und einer Breite von 17,5 Metern war er bemerkenswert groß. Er stand auf dem Forum Romanum, dem Marktplatz des römischen Barcelona, auf dem auch Gerichtsverhandlungen abgehalten wurden. Der Tempel dominierte die Stadt und war nur über Treppen zu erreichen. Im 11. Jahrhundert noch nannte man ihn »El Miraculum«, das Wunder. Teile des Tempels wurden in Häuser integriert und seine Reste mehrmals umgestaltet. Heute existiert noch ein Sockel mit vier Säulen, die korinthische Kapitelle tragen. Inzwischen ist der Platz verschwunden und die Säulen stehen in einem Hof.
Ab 250 kam es wiederholt zu Überfällen durch die Germanen, denn der Untergang des Römischen Reiches war nicht mehr aufzuhalten. Kaiser Claudius II. ließ nun die Befestigungsanlagen ausbauen und die Stadtmauer verdoppeln. Ende des 3. Jahrhunderts war Barcino von einem bis zu 16 Meter hohen und bis zu 8 Meter dicken Festungswall umgeben. 74 Türme säumten die Anlage und boten mit einer Höhe von bis zu 18 Metern eine hervorragende Sicht. Die Mauern erstreckten sich über eine Länge von 1,5 Kilometern und umschlossen 12 Hektar. Die Befestigung Barcelonas war die stärkste der gesamten römischen Provinz und sollte der Stadt auch später noch von Vorteil sein. Dennoch: 476 endete die Herrschaft der Römer, die Westgoten übernahmen die Stadt.

Besuch der römischen Siedlung

Das Museu d'Història de la Ciutat, MUHBA, befindet sich im Palau Clariana Padellàs an der Plaça del Rei. Im Jahr 1931 wurde der gotische Palast Stein um Stein abgebaut und von seinem ursprünglichen Standort in der Carrer dels Mercaders an seinen neuen Platz gebracht, weil er einer Straße weichen musste. Beim Ausheben der Gruben an

der Plaça del Rei stieß man auf die Reste des römischen Barcino. Es wurden so viele Häuser, Skulpturen und Gegenstände freigelegt wie in keiner anderen römischen Siedlung in ganz Europa. Was lag also näher, als den Palast Clariana Padellàs wie ein Dach darüber zu errichten? Bereits beim Betreten des Museums wird man von römischen Keramiken und anderen Gebrauchsgegenständen empfangen. Doch sie vermitteln nicht einmal einen Eindruck dessen, was den Besucher im Untergeschoss erwartet: Eine Fläche von 4000 Quadratmetern römisches Barcino. Zunächst gelangt man zu einer Wäscherei und Färberei, dann geht es zu einer Weinkelterei und danach zu einer römischen Kirche aus dem 6. Jahrhundert. Die unterirdische Ausstellung führt weiter bis zur Kathedrale und endet dort mit den Resten der bischöflichen Residenz aus dem 7. Jahrhundert. Bauweise, Alltag, Handel und Wandel der Zeiten werden hier sehr anschaulich dargeboten, und es ist tatsächlich eine Wanderung in 2000 Jahre alter Stadtgeschichte. Zurück an der Oberfläche bietet das Museum weitere Einblicke in die Zeit der Romanik und der Gotik.

Plaça Ramón Berenguer el Gran

Der kleine Platz liegt an der breiten und viel befahrenen Via Laietana, am Rande des Stadtteils Barri Gòtic. Die Straße ist unspektakulär und gerade deshalb ist es, als stehe man vor einer Filmkulisse, wenn man zur Plaça Ramón Berenguer kommt. Die riesige antike Bebauung ist die Rückansicht des Palastes der Könige an der Plaça del Rei.
Die Reiterstatue des Grafen Ramón Berenguer III. prägt den Platz, doch der Hintergrund, vor der sie steht, ist nicht weniger erhaben. Dort befindet sich eine

Während vom Ayuntamento an der Plaça Sant Jaume die Fahnen wehen (oben), lädt der Brunnen der Plaça Reial (links) zum Verweilen ein, ebenso wie die Tapas-Bars und Restaurants in unmittelbarer Nähe (Mitte und unten).

Die Abendstimmung an der Kathedrale Carrer del Bisbe (oben) und in den umliegenden Straßen (unten) sollte man sich nicht entgehen lassen. Auch die Atmosphäre im Innenhof der Casa de l'Ardiaca (Mitte) sowie die an der Plaça Nova (rechts) ist bei schwindendem Licht besonders. Die Reste des Augustustempels muss man sehen (rechts oben).

kleine Grünanlage, und dahinter erhebt sich der längste noch erhaltene Teil der römischen Stadtmauer. Das sichtbare Mauerstück wird auf den Beginn des 4. Jahrhunderts v. Chr. datiert. Da die eigentlichen Stadtmauern aber erst im 1. Jahrhundert v. Chr. erbaut und im Verlauf des 2. Jahrhunderts erweitert wurden, handelt es sich bei dieser Mauer um den ältesten, sichtbaren Teil Barcelonas. Am Fuß der Mauer, in der auch Abbruchsteine verbaut wurden, befinden sich römische »cupae«, Grabaufsätze in Form von gewölbten Deckeln. Diese Art der Grablegung war auf der Iberischen Halbinsel sehr verbreitet.

Heute sind von den ehemals 74 Wehrtürmen der römischen Stadtmauer noch Reste von sieben erhalten. Auf der Plaça Ramón Berenguer el Gran befinden sich die Überreste von zweien dieser Türme. Über dem Mauerstück, das man hier sehen kann, wurde im 13. Jahrhundert die Kapelle der Heiligen Àgata erbaut. Sie gehört zum Palau Reial Major. Weitere Teile der römischen Stadtmauer finden Sie an der Plaça Nova, direkt bei der Kathedrale von Barcelona, und das römische Stadttor Decumana ist in der Nähe der Plaça de Sant Jaume, in der Carrer Regomir, zu bewundern. Weitere Funde der Stadtmauer wurden in der Carrer dels Lledo, der Carrer dell Correu Vell und an der Plaça Tranigers gemacht.

Plaça de Sant Jaume

Der Platz existiert in seinem heutigen Erscheinungsbild seit 1823. Damals standen sowohl das Rathaus als auch der Palast der Landesregierung bereits seit Hunderten von Jahren an dieser Stelle. Der Raum, der sie umgab, war klein und verwinkelt. Die Kirche Sant Jaume mit ihrem Friedhof lag in diesem Bereich. Anfang des 19. Jahrhunderts, in einer Phase städtebaulicher Erneuerung, entschied man, die Kirche umzusetzen und den gewonnenen Raum seiner Bedeutung entsprechend zu gestalten. Die Kirche Sant Jaume wurde in die Carrer Ferran versetzt und die umliegenden Häuser wurden abgerissen. Die neue Plaça Sant Jaume wurde so angelegt, dass sie von den politisch wichtigsten Gebäuden der Stadt flankiert wird.

Deren Lage an diesem Ort ist nicht zufällig. Hier kreuzten sich schon die Hauptstraßen des römischen Barcino, der »Cardo maximus«, mit einer Länge von 550 Metern, die Nord-Süd-Achse, bis zur Porta Principalis sinistra, heute die Plaça de l'Angel, und in entgegengesetzter Richtung bis zur Porta Principalis dextra, die sich zwischen den Straßen Ferran und del Call befand. Sie folgte den heutigen Carrer Llibreteria und Carrer del Call. Der »Decumanus maximus« mit einer

Länge von 824 Metern bis zur Porta Praetoria, dem heutigen Portal del Bisbe, war die Ost-West-Achse. Sie entspricht heute der Carrer Bisbe, Carrer Ciutat und Carrer Regomir, bis zur Porta Decumana in der Carrer Regomir. Kaiser Augustus hatte Barcino zunächst als »castrum«, als typisches Militärlager, mit seinen für diese Zeit üblichen rechtwinkligen Hauptstraßen angelegt.
Später wurde genau an der Kreuzung dieser Hauptstraßen das Forum errichtet, der Mittelpunkt der römischen Stadt. Es stand auf dem Mont Taber, der heutigen Plaça Sant Jaume, der heute noch die höchste Erhebung des Barri Gòtic ist. Hier stand auch der Augustustempel, dessen Überreste sich in der Carrer Paradís befinden.

Plaça Vila de Madrid

In den 1960er-Jahren wurde das Kloster Carmelitas de Santa Teresa an der Plaça Vila de Madrid abgetragen, um den Platz neu zu gestalten. Unter den Fundamenten des Gebäudes stieß man auf eine römische Nekropole, einen Friedhof, aus dem 2. und 3. Jahrhundert. Der Fund besteht aus etwa 90 Grabstätten, in denen offenbar hochgestellte Persönlichkeiten des alten Barcino bestattet wurden. Zum einen sind die Grabmonumente, bei denen es sich meist um sogenannte »cupae« handelt, aus Stein gehauen und waren dementsprechend teuer. Zum anderen liegt die Nekropole nur etwa 200 Meter Luftlinie von der römischen Stadtmauer entfernt, links und rechts einer Zufahrtstraße zur römischen Stadt. Die Begräbnisstätten mussten außerhalb des Stadtgebiets angelegt werden und waren meist deutlich weiter entfernt als in diesem Fall. Die Nekropole befindet sich mitten auf der Plaça Vila de Madrid, etwa zwei Meter unterhalb des Straßenniveaus. Sie kann jederzeit besichtigt werden, denn um die Anlage herum wurde ein Steg gebaut.

FIRA ARTESANA UND REGIONALMARKT

Die Plaça del Pi gehört zu der wunderschönen gotischen Kirche Santa Maria del Pi, ganz in der Nähe der Rambla. Sie wird überragt von einer mehr als 100 Jahre alten Pinie, die dem Platz seinen Namen gab. Neben der Kirche fällt der ehemalige Sitz der Handelszunft aus dem 17. Jh. auf, denn das mehrstöckige Gebäude ist reich bemalt. Der Platz selbst ist nicht sehr groß, lädt aber in kleinen Cafés und Restaurants zum Verweilen ein. Jeweils am ersten und dritten Wochenende wird von Freitag bis Sonntag ein kleiner regionaler Markt abgehalten. Obst, Gemüse, Honig, Brot und Olivenöl werden dann verkauft, alles aus eigenem Anbau. Gleich nebenan, links der Kirche, liegt die schöne Plaça de Sant Josep Oriol. Hier finden jedes Wochenende Kunstmärkte statt, vor allem der älteren Künstler Barcelonas.

WEITERE INFORMATIONEN

Säulen des Augustustempels: Besichtigung kostenlos, Mo und Feiertage 10–14 Uhr und Di–Sa 10–19 Uhr. So 10–20 Uhr, Carrer Paradís.
Kunstmarkt auf der Plaça de Sant Josep: Sa 11–20 Uhr und So 11–14 Uhr.
MUHBA: www.museuhistoria.bcn.cat

An der romantischen Ecke hinter dem Kreuzgang der Kathedrale spielen zu jeder Tageszeit begnadete Musiker für einen kleinen Obolus …

Auf den Ramblas ist immer etwas los (oben). Ein Besuch alter oder moderner Architektur, des Museu Marítim am Hafen (Mitte) oder im MACBA im Raval, ist immer lohnenswert (unten). Den schönsten Blick hat man aus einer Gondel des Aeri del Port (rechts).

El Raval und der Hafen

Essen in der Fonda Espanya, dem Jugendstil-Speisesaal des Hotel Espanya, ist nicht nur ein kulinarischer Genuss (oben). Umgeben von schönstem spanischem Jugendstil wird jeder Aperitif zum Erlebnis (unten).

11 Fonda Espanya

Jugendstil par excellence

Anfang des 20. Jahrhunderts wurde das Gebäude von Lluís Domènech i Montaner in modernistischem Stil umgestaltet. Im Jahr 2010 wurde das Interieur nach den Originalplänen des Architekten wiederhergestellt und restauriert.

Das Hotel liegt im Herzen der Stadt, im Barri El Raval, ganz in der Nähe der Rambla. Der Raval ist ebenso durch seine kleinen Gassen und heruntergekommenen Häuser wie durch seine modernen Museen und die multikulturelle Bevölkerung geprägt. Und mittendrin findet man dieses einzigartige Juwel des Modernisme, das Hotel Espanya, das mit großem Aufwand und Liebe zum Detail wiederhergestellt wurde. Das Restaurant Fonda Espanya bietet bezahlbare Menüs von hoher Qualität. Wer sich für das Haus interessiert, kann an einer geführten Tour durch das Gebäude (immer wochentags um 12.15 Uhr und 16.30 Uhr) teilnehmen und anschließend die Schönheit und stilvolle Atmosphäre im Restaurant mit allen Sinnen erleben.

Eines der ältesten Hotels

Das Gebäude wurde 1850 erbaut und war zunächst ein Wohn- und Geschäftshaus. Doch bereits neun Jahre später baute man es zum Gasthaus Fonda de España um, zu dem auch eine Pension gehörte. Ab 1863 wurde bereits in hochwertigen Reiseführern für das Haus geworben. Damals wie heute zeichnete sich das Haus durch guten Service, die sauberen Zimmer und seine Lage aus. Das Gasthaus wurde so gut angenommen, dass es bereits kurze Zeit später zu einer der ersten Adressen im Hotelgewerbe der Stadt geworden war. Zur Weltausstellung 1888 änderte man den Namen von Gasthaus (Posada) in Hotel, um sich von den Mitbewerbern abzusetzen.

Ab 1898 erfolgten erste Umbauten, das offene Erdgeschoss wurde geschlossen, Innenhöfe verschwanden, ein Fahrstuhl wurde eingebaut, und schließlich übertrug man dem bekannten Architekten Lluís Domènech i Montaner die Renovierung des gesamten Hauses, die im Jahr 1903 abgeschlossen war. Die namhaftesten Künstler ihrer Zeit arbeiteten an der Gestaltung der Räume. So malte Ramón Casas den Speisesaal aus und der Bildhauer Eusebi Arnau schuf den fünf Meter hohen Kamin aus Alabaster. Direkt im folgenden Jahr wurde das Hotel Espanya von der Stadt Barcelona mit dem Preis für Architektur und Inneneinrichtung ausgezeichnet. Der Speisesaal, das Restaurant »Fonda de Espanya«, wurde liebevoll restauriert und erstrahlt in alter Pracht. Es ist eine Freude, diesen schönen Ort zu besuchen.

INFO: www.hotelespanya.com

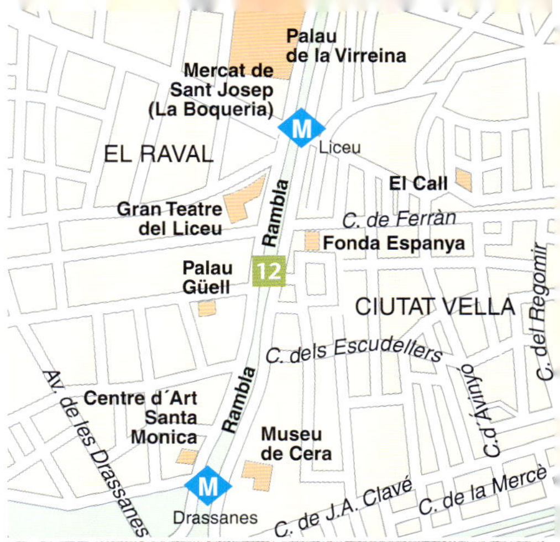

12 La Rambla

Die berühmteste Flaniermeile Barcelonas

Sie bietet auf rund einem Kilometer Länge unzählige Cafés und Bars, Restaurants und Geschäfte. Straßenkünstler und Blumen prägen das Bild, und Tausende von Menschen tummeln sich hier. Doch es gibt auch Sehenswürdigkeiten, die man vielleicht nicht hier vermuten würde.

Die Rambla folgt dem ehemaligen Verlauf des Flusses Malla. Der Name Rambla kommt aus dem Arabischen und bedeutet »Straße zum Meer«. Im 19. Jahrhundert gab es im Raval vor allem Industrieanlagen und Wohnungen für die Arbeiter. Aufgrund der Hafenlage war und ist der Raval das Rotlichtviertel von Barcelona. Ab 1988 wurde er zur Zone der Stadterneuerung, vieles wurde saniert, und der folgende Zuzug von Studenten und Künstlern ließ das Viertel aufblühen. Man investierte und baute moderne Bürgerzentren, Schulen und Sporthallen.

Die Rambla entdecken

Die Plaça de Catalunya, der nördlichste Punkt der Rambla, ist der Verkehrsknotenpunkt im Stadtzentrum. Hier gibt es eine Metrostation, Busse und Bahnen. Direkt am Anfang der Rambla steht die Font de Canaletes, ein gusseiserner Trinkbrunnen mit vierarmiger Straßenlaterne. Der Legende nach kommt jeder, der aus dem Brunnen trinkt, wieder zurück nach Barcelona. Dieser Abschnitt wird auch Rambla de Canaletes genannt und ist bekannt als Treffpunkt der FC-Barcelona-Fans. Auf der rechten Seite, unter der Hausnummer 115 befindet sich die Real Acadèmia de Ciencias y Artes, ein Gebäude des berühmten Architekten Josep Domènech i Estapà (1858–1917). Die Rambla heißt jetzt Rambla dels Estudis. Weiter Richtung Hafen geht es zur Compañía General de Tabacos de Filipinas, ein neoklassizistischer Palast, auf dessen Dachterrasse sich sehr gut frühstücken lässt. Der Boulevard heißt im Folgenden Rambla de Sant Josep oder Rambla de les Flors, denn es gibt hier viele fest installierte Blumenstände. Es folgt die Església de Betlem und gegenüber der Palau Moja von 1790. Er verbindet Elemente des späten Barock mit Einflüssen des französischen Klassizismus. Heute ist er Teil der katalanischen Landesregierung. Auf der Rambla kann man als Nächstes die Markthalle La Boqueria besuchen, welche im folgenden Highlight vorgestellt wird. Unter der Nummer 83 steht die Antiga Casa Figueras, die heute eine Konditorei beherbergt. Besonders auffällig sind die vielen Mosaike an der Fassade. Dieser Abschnitt heißt Rambla dels Caputxins, und hier finden Sie auch das Gran Teatre del Liceu. Ein Stückchen weiter, links, ist der Zugang zur Plaça Reial.

Bunt, bunter, Ramblas: Ob von Mirò dekoriert (oben) oder von lebenden Skulpturen gesäumt (unten) – hier ist immer etwas geboten.

Mehr als einen Kilometer zieht sich Barcelonas berühmteste Promenade, die Rambla, von der Plaça de Catalunya bis hinunter zum Hafen.

In der weltbekannten Markthalle gibt es alles, was das Herz begehrt. Die prächtig dargebotenen Waren reichen von frischem Obst bis zu den ausgefallensten Spezialitäten (oben und unten).

13 La Boqueria

Der größte Markt im ganzen Land

Es gibt 39 Markthallen in Barcelona, doch die bekannteste ist ohne Zweifel »La Boqueria«, wie sie hier genannt wird. Sie erstreckt sich über eine Fläche von 6000 Quadratmetern. Nicht zuletzt der Vielfalt und Frische seiner Produkte verdankt die Stadt ihren Ruf als Gastrozentrum Spaniens.

Die Markthallen des Mercat de Sant Josep liegen an der Straße Les Rambles im Raval. Dementsprechend gut sind sie besucht. Ihr Ursprung geht zurück ins frühe 13. Jahrhundert, als hier, außerhalb der Mauern, am Stadttor Boqueria, ein Fleischmarkt abgehalten wurde.

Boqueria bedeutet übersetzt Fleischerei. Weil immer mehr Fußgänger über die Ramblas kamen, wurde der Marktplatz stets beliebter und größer. Im Gegensatz zur innerstädtischen Enge war hier Platz für viele Händler.

Im 18. Jahrhundert wurden mehrere Märkte an dieser Stelle zusammengelegt und 1826 erstmals Marktregeln erlassen. 1827 gründete man den heutigen Markt und 1836 beschloss die Stadtverwaltung die Errichtung einer überdachten Halle. Vier Jahre später begann man auf dem Grundstück des ehemaligen Klosters Sant Josep mit dem Bau, und im Jahr 1848 konnte der erste ständige Markt eingeweiht werden.

Zunächst war es ein Markt nur für Metzger. Ab 1861 durften dann auch Obst- und Gemüsehändler sowie Blumenstände in die Hallen einziehen. Heute gibt es in der Boqueria rund 300 Marktstände, die in elf Gängen angeordnet sind. Die meisten Händler bieten ihre Ware in der Boqueria bereits seit mehreren Generationen an.

Weitere Umbauten

1869 gab es die letzte Erweiterung zur heutigen Größe. Hierzu wurden die Gebäude jenseits der Carrer de Jerusalem abgerissen. Die Eisenstruktur, die den Markt noch immer bedeckt, entstand im Jahr 1914. Sie besteht aus fünf identischen Körpern und besitzt keine Außenmauern oder metallene Wände. Ebenfalls aus dieser Zeit stammt der modernistische Bogen am Haupteingang, der von dem Architekten Antoni de Falguera i Sivilla entworfen wurde. Er ist aus Gusseisen und mit farbigen Glasfenstern verziert. Die Verkleidungen der Fenster bestehen aus einem Mosaik aus Keramikteilchen, dem sogenannten Trencadís. Dieser Stil ist eine Erfindung des Modernisme und wurde sehr häufig angewandt, zum Beispiel auch im Parc Güell. Die Fensterverkleidungen an der Boqueria entwarf Antoni Gaudí.

INFO: www.boqueria.info

14 Sant Pau del Camp

Das älteste Kloster der Stadt

Ihre frühesten Elemente stammen aus der Zeit der Westgoten, woraus sich ihr Alter ableiten lässt. Die Klosterkirche ist eines der besterhaltenen romanischen Gebäude der Stadt.

Sollte die Kirche des antiken Benediktinerklosters nicht aus westgotischer Zeit stammen, wurde sie wahrscheinlich um 911 erbaut. Selbst dann ist sie die älteste Kirche der Stadt. Im Jahr 985 soll das Kloster durch einen Angriff der Sarazenen unter Almanzor fast völlig zerstört worden sein. Man geht heute davon aus, dass die Benediktiner damals bereits die Flucht ergriffen hatten und nicht zu Schaden gekommen sind. In den folgenden 100 Jahren wurde wahrscheinlich die Kirche genutzt, die Mönche lebten aber nicht im Kloster. Der Beginn des Wiederaufbaus wird auf das Jahr 1096 datiert und dauerte bis ins 13. Jahrhundert hinein.

Oase der Stille

Man betritt das Gebäude über die Carrer de San Pau, wobei die Kirchenfassade auf dieser Seite des Gebäudes in gotischem Stil gestaltet ist. Dabei handelt es sich um die charakteristische katalanische Gotik des 13. und 14. Jahrhunderts. Der Eingang der Kirche ist flankiert von zwei marmornen Säulen mit westgotischen Kapitellen. Das dreidimensionale Fries über der Tür zeigt Jesus mit den Heiligen Petrus und Paulus. Außen ist das Gebäude komplett mit Blendarkaden dekoriert, die Kapitelle sind entweder mit Fabelwesen oder pflanzlichen Ornamenten verziert.

Im Inneren wurde der Mosaikboden im Jahr 2002 restauriert, denn er war von Regen und Überschwemmungen schwer in Mitleidenschaft gezogen. Schon von außen ist die Form der Kirche, ein lateinisches Kreuz, zu erkennen. Innen verfügt sie über Tonnengewölbe und eine achteckige Kuppel über der Vierung. Die drei Apsiden sind mit floralen und geometrischen Ornamenten verziert, was auf arabische Einflüsse schließen lässt.

Die rechte Seite des Vierungskreuzes führt zum gotischen Kapitelsaal, der wiederum Zugang zum romanischen Kreuzgang bietet. Dieser ist sehr gut restauriert und sehr originell mit seinen Kleeblattbögen und Doppelsäulen aus dem 13. Jahrhundert.

INFO:
www.webs.ono.com/santpaudelcamp/

Ein Kleinod, wo man es nicht vermutet: Mitten im Raval liegt Sant Pau del Camp (oben) mit seinem wunderschönen kleinen Kreuzgang (unten), eine wahre Oase der Ruhe (links).

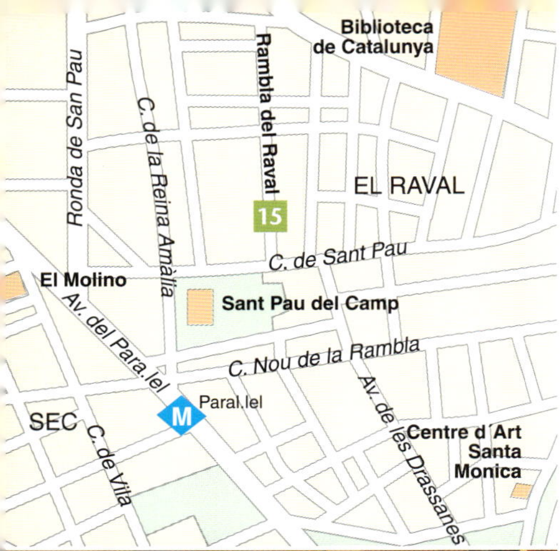

15 La Rambla del Raval

Die Rambla del Raval ist ruhig und authentisch

Der Boulevard ist das Ergebnis eines neueren städtebaulichen Großprojekts zur Sanierung und lädt jederzeit zum Verweilen ein. Er bildet das Zentrum des Stadtteils El Raval und unterscheidet sich deutlich von »La Rambla«. Hier kann man noch viele Dinge entdecken und Schnäppchen machen.

Schon Dalí, Picasso und Hemingway gingen in der London Bar ein und aus (oben). Die gigantische Kater-Skulptur von Fernando Botero (unten) und farbenfrohe Graffiti (rechts oben) schmücken das Straßenbild. Licht und Weite beherrschen heute den Boulevard (rechts), für den etliche Häuserblocks abgerissen wurden – und das Viertel blühte auf.

Bis Mitte des 14. Jahrhunderts lag El Raval außerhalb der Stadtmauern und wurde fast ausschließlich als landwirtschaftliche Fläche genutzt. Lediglich das Kloster Sant Pau del Camp und die königlichen Schiffswerften sind aus dieser Zeit erhalten. Ab 1360 wurden die Verteidigungsanlagen erweitert, wodurch das Stadtgebiet um 70 Prozent vergrößert wurde. Der Raval lag nun innerhalb der Mauern. Ursprünglich sollte das Gebiet weiterhin zur Produktion von Lebensmitteln genutzt werden, doch es kam anders.

Arme und Kranke

Die Bebauung des etwa 110 Hektar großen Geländes begann mit der Verlegung der Hospitäler aus dem Stadtzentrum. Wegen der Enge und Bevölkerungsdichte drohte dort ständig Seuchengefahr, weshalb man die Kranken so weit wie möglich auslagern wollte. Als Nächstes folgten Klöster und Kirchen, die sich mit der Pflege der Menschen befassten. Auch Familienangehörige und Arme bauten hier schließlich ihre Unterkünfte. Bauland war hier billig – und »unbeliebten Mitbürgern« trauerte niemand nach.

Im Zuge der Desamortisation im 19. Jahrhundert wurden die meisten kirchlichen Gebäude und Ländereien niedergebrannt, enteignet und an Privatleute versteigert. Mit dieser Maßnahme sollte die desolate Staatskasse saniert werden. Für den Raval bedeutete dies, dass große Flächen neu bebaut werden konnten. Mit der einsetzenden Industrialisierung wurden nun Fabriken und massenhaft Arbeiterunterkünfte aus dem Boden gestampft.

Die Bebauungsdichte war innerhalb weniger Jahre so groß wie in der Altstadt, doch der Zustand der Gebäude und die Lebensbedingungen ihrer Bewohner waren verheerend. Und es wurde noch schlimmer, denn getrieben von der Armut kamen immer mehr Landbewohner nach Barcelona, um im Raval unterzukommen. Elektrizität und fließend Wasser gab es meistens nicht, und sogar in den 1960er-Jahren waren zwölf Prozent der Mietskasernen noch immer ohne Wasseranschluss. Der armen Landbevölkerung folgten die Migranten. Die Nähe zum Hafen sorgte für stetige Versorgung mit Drogen, es blühte die Straßenprostitution, und die Kriminalitätsraten lagen

extrem hoch. Bis in die 1980er-Jahre hinein wurden Touristen angehalten, das Gebiet tunlichst zu meiden. Im Zuge der Stadtsanierung zu den Olympischen Spielen 1992 stand darum auch der Raval auf der Liste der Erneuerung.

Sanierung mit großem Aufwand

In der ersten Phase wurden mehr als 800 Gebäude saniert oder abgerissen. Durch ein massives Aufstocken der Polizeipräsenz wurden die Straßen sicherer und der Drogenhandel eingeschränkt. Dunkle Gassen, Spelunken, Prostitution und Verbrechen gibt es natürlich noch immer, doch inzwischen kann man den Stadtteil ohne Angst betreten.
1995 wurde das Museum für zeitgenössische Kunst (MACBA) eingeweiht, und schließlich riss man noch einmal über hundert Gebäude ab, um die knapp 50 Meter breite und 300 Meter lange Rambla del Raval zu bauen. Gesäumt von Palmen und inmitten alter Bausubstanz wurde diese lichte Oase von der Bevölkerung gern angenommen und ist längst zum pulsierenden Herz des Viertels geworden. Auf dem Boulevard gibt es Marktstände, Teezelte, ökologische Lebensmittel, Kleidung und vieles mehr. So bunt wie seine Einwohner ist auch die Rambla del Raval.
Am östlichen Ende der Rambla hat der berühmte Kater von Botero, El gato del Raval, seinen Platz, und in den Gassen um die Rambla herum gibt es jede Menge kleine Geschäfte. Vintage ist derzeit angesagt, aber auch gebrauchte Schallplatten sowie Spezialitäten- und Gewürzläden findet man hier. In direkter Nähe zur Rabla del Raval gibt es einige schicke Restaurants und Hotels.

FLAMINGOS VINTAGE KILO

Dieser Secondhandladen funktioniert nach dem Prinzip »Masse und vielleicht auch ein wenig Klasse«. Der Geschäftsführer Daniel Martínez hat seinen riesigen Laden 2012 inmitten des Raval eröffnet und wurde damit einer von vielen »Vintage-Kilo«-Läden in Europa. In Spanien gibt es einen weiteren Laden in Barcelona und jeweils einen in Girona, Sidges, Madrid, Saragossa, Málaga und auf Ibiza. Offenbar kommt das Konzept an. Das Besondere neben den Kilopreisen ist, dass die Ware zu 100 Prozent aus den USA kommt. Containerweise wird gebrauchte Kleidung über den Ozean verfrachtet und zweimal pro Monat in die Geschäfte transportiert. Außerdem gibt es einen Onlineshop, wobei die abgebildeten Kleidungsstücke natürlich nicht dem entsprechen, was man später im Paket findet. Es sind ähnliche Stücke. Kaufen kann man ab 500 Gramm. Ein Kilo Hosen beispielsweise kostet 15 Euro.

WEITERE INFORMATIONEN

Vintage Kilo: Carrer Ferlandina 20, gleich beim MACBA, www.vintagekilo.com
Raval: www.ravaleando.es

Die verglaste Fassade des MACBA sorgt für viel Licht (oben) und damit dafür, dass die spannenden Exponate (unten) besonders gut zur Geltung kommen. Klare Linien und Weite sind hier Konzept (rechts unten). Wenn schon kein Kontrast in Farbe, dann in der Form … (rechts oben).

16 Das MACBA

Kunst und Architektur pur

Das Museum für moderne Kunst ist selbst ein Kunstwerk. Es bietet riesige Flächen, offene Hallen, Galerien und Ausstellungssäle. Es verfügt über die größte Sammlung der Kunst des 20. Jahrhunderts in Katalonien. Regelmäßig werden Sonderausstellungen namhafter Künstler organisiert. Ob Bildhauer, Maler, Fotografen oder Filmschaffende, sie alle sind stolz, wenn sie es ins MACBA geschafft haben.

Es wirkt schon ein wenig seltsam, wenn man durch graue, enge Gassen wandelt, nicht sicher, ob man noch auf dem richtigen Weg ist, und plötzlich vor einem riesigen, strahlenden Gebäude steht. Eben noch befand man sich inmitten grauer Steinschluchten, nun ist man umgeben von trendiger Architektur und coolen Ausstellungen. Doch gerade diese Kontraste machen den Raval zu einem spannenden Geflecht aus Vergangenheit, Gegenwart und Zukunft. El Raval ist ein authentisches Viertel, in dem das städtische Leben in all seinen Spielarten nebeneinander existiert.

Barcelonas erstes zeitgenössisches Museum

Als das Museu d'Art Contemporani de Barcelona, wie das MACBA mit vollem Namen heißt, 1995 eröffnet wurde, war es das Erste seiner Art in der Stadt. Auf zeitgenössische Kunst hatte sich bisher keine Sammlung konzentriert, obwohl es bereits seit Ende der 1950er-Jahre Bestrebungen gegeben hatte. Nach vielen Rückschlägen war das Projekt nun endlich umgesetzt, in Räumen, die von dem amerikanischen Stararchitekten Richard Meier entworfen worden sind.

Das Gebäude wird dominiert von seiner 120 Meter langen Hauptfassade. Am gesamten Bauwerk herrschen gerade Linien vor, und es ist schneeweiß gestrichen.

Die Geradlinigkeit der Fassade steht im Kontrast zum seitlichen Rundkörper, der die Ausstellungsräume der vier Geschosse verbindet. Mit diesen beiden unterschiedlichen Elementen nimmt der Architekt die Geometrie der Stadtstrukturen Barcelonas als auch die Rundungen ihrer sakralen Gebäude auf.

Die Beschattungsanlage vor der riesigen Glasfront unterstützt den Eindruck der geraden Linie, denn sie ist in weiße Rechtecke aufgeteilt und wirkt ein wenig wie ein Gitter. Es war ein Anliegen des Architekten, das gesamte Gebäude mit Tageslicht zu durchfluten. Selbst im Untergeschoss werden die Galerien mit natürlichem Licht versorgt. Die Transparenz setzt sich in den vielfältig unterbrochenen Trennwänden der Ausstellungssäle und den Glasbauten im Fußboden des oberen Galeriegangs fort. Je nach Ausstellung variiert die Aufteilung der

Räume. Der Zugang zum Museum erfolgt über eine äußere Rampe. Der Museumsrundgang beginnt im dreigeschossigen Atrium und führt über Aufgänge zu den oberen Ebenen. Für die Präsentation der Kunst stehen verschiedene Raumtypen zur Verfügung. Es gibt sowohl Säle mit durchgehendem Obergeschoss und offenem Grundriss für die Aufnahme großer Wechselausstellungen als auch kleine, intime Räume, die für die Betrachtung von kleinformatigen Werken geeignet sind. Neben den Ausstellungen veranstaltet das MACBA auch Seminare, Workshops, Vorträge, Festivals und ein Web-Radio.

Die Sammlung

Im MACBA ist hauptsächlich Kunst des 20. Jahrhunderts zu sehen. Die Ausstellungen geben einen Überblick über die künstlerischen Tendenzen des gesamten Jahrhunderts, besonders aber über die der letzten Jahrzehnte. Eine chronologische Anordnung der Werke gibt es aber nicht, was nicht von allen Besuchern gutgeheißen wird. Das Museum wechselt seine Ausstellungen alle drei bis sechs Monate. Katalanische Künstler darunter Joan Brossa, Antonio Saura, Antoni Tàpies und viele andere mehr sind am stärksten vertreten. Aber auch zeitgenössische spanische Künstler wie Miquel Barceló, Eduardo Chillida oder Jorge Oteiza findet man hier (Picasso, Miró und Dalí haben eigene Museen). Auch Werke der unterschiedlichsten internationalen Künstler, darunter Paul Klee, Alexander Calder, Marcel Duchamp, John Cage oder Jean-Michel Basquiat gehören zum Fundus des Museums, sind aber nur ab und an zu sehen. Am besten, Sie informieren sich vor Ihrem Besuch über die aktuelle Ausstellung.

SÓNAR FESTIVAL

Jedes Jahr im Juni findet drei Tage lang das »International Festival of Advanced Music and New Media Art«, kurz Sónar Festival, statt. Bereits seit 1994 ist diese Veranstaltung des MACBA alljährlicher Höhepunkt für Liebhaber elektronischer Musik und damit der Wegbereiter aller Festivals dieser Art. Sónar ist bekannt für seinen Anspruch, neueste Trends elektronischer Dancemusic in harmonischer Art zu offerieren und sucht dabei die Interaktion zwischen digitaler Kunst, New Media und etablierten Künsten wie Musical und Film. In Barcelona treffen sich Kreative, Konsumenten und Vertreter der Industrie. Am Tag finden Konzerte und Auftritte von DJs auf dem Messegelände Fira Montjuïc statt. Die großen Veranstaltungen mit internationalen Stars kann man abends im Kongresszentrum Fira Gran Via de L'Hospitalet besuchen.

WEITERE INFORMATIONEN

MACBA: www.macba.cat
Sonar Festival: www.sonar.es

Ein Traum für Opernfreunde: Einmal hier hinauf (oben) und im eleganten Auditorium eines der berühmtesten Opernhäuser der Welt Platz nehmen (unten). Das ist Klassik pur! (rechts)

17 Das Gran Teatre del Liceu

Ein Weltklasse-Opernhaus

Das Gran Teatre del Liceu zählt zu den bedeutendsten Opernhäusern Europas. Im großen Saal haben 2286 Zuschauer Platz, und fast täglich finden dort Aufführungen statt. Neben den wichtigsten Werken der Klassik werden auch Broadwayproduktionen sowie Tanz- und Konzertmusik geboten. Seit nunmehr 165 Jahren ist das Opernhaus ein Dreh- und Angelpunkt der Musikszene Barcelonas.

Das Gran Teatre del Liceu liegt direkt an der Rambla. Es ist das größte Opernhaus der Stadt und wurde von der »Societat de Propietaris«, der Gesellschaft der Eigentümer, erbaut. Der Verein, dem sich zahlreiche Kaufleute angeschlossen hatten, erwirtschaftete beachtliche Gewinne durch den Aktienhandel, die in den Bau der neuen Oper flossen. 1847 konnte das Gran Teatre del Liceu eröffnet werden. Verantwortlich zeichnete Miquel Garriga i Roca (1804–1888), der in dieser Zeit als städtischer Architekt und Stadtplaner in Barcelona wirkte. Das neue Musiktheater hatte 4000 Sitzplätze und war das größte in ganz Europa. Ab Mitte der 1850er-Jahre wurde die Oper von den Mitgliedern der Gesellschaft kommerziell betrieben. Die Theater- und Opernproduktionen vergab man an Investoren, die die Erlöse aus dem Ticketverkauf erhielten.

Weltruhm nach Wiederaufbau

1861 wurden Bühne und Auditorium durch ein Feuer komplett zerstört. Doch bereits nach einem Jahr konnte das Haus wiedereröffnet werden. 1877 entschloss man sich zu einer Renovierung. Danach wurde die Oper über 100 Jahre lang unverändert weiterbetrieben. Berühmte Dirigenten gastierten in der Oper, darunter Richard Strauss, Igor Strawinsky und Hans Swarowsky.

In den 1970er-Jahren wurde das Finanzierungssystem geändert. Die Oper ging in eine Trägerschaft über, die aus der Stadt Barcelona, der katalanischen Regionalregierung und der Societat del Gran Teatre del Liceu bestand. Seit 1986 gab es Pläne zur Erweiterung und Modernisierung, doch ein weiterer Brand kam diesem Bestreben zuvor. Am 31. Januar 1994 wurde das Liceu fast vollständig zerstört.

Nach dem ersten Schock entfachte sich eine landesweite Diskussion um den Wiederaufbau des Opernhauses. Schließlich wurde die Stiftung »Fundació del Gran Teatre del Liceu« geschaffen, in die das Vermögen und alle Rechte eingingen. Seither befindet sich die Oper in öffentlicher Trägerschaft. Für die Restaurierung des Gebäudes startete die Stiftung eine groß angelegte Spendenaktion, die als riesiger Erfolg verbucht werden konnte.

Die Hälfte der Kosten konnte damit gedeckt werden.

Phönix aus der Asche

Ab 1994 wurde das Gebäude nach den Plänen von Solà Ignasi de Morales (1942–2001) wieder aufgebaut, der sich auf Wiederherstellungen spezialisiert hatte. Von ihm sind auch die Rekonstruktionen des berühmten Pavillons von Mies van der Rohe in Barcelona sowie die Altstadtsanierungen von Marseille und Tarragona. Unter seiner Leitung hielt man sich sehr eng an die Originale von 1861 und 1877. Unversehrte Teile wurden wieder installiert und die zerstörten Räume möglichst originalgetreu wieder aufgebaut. Dazu zählen die Fassade, das eindrucksvolle Foyer und der Spiegelsaal. Das Haus wurde mit feinster Technik ausgestattet und der große Saal den modernsten Erkenntnissen der Akustik angepasst. Die obersten der sechs Zuschauerebenen bekamen Monitore, damit die Aufführungen auf allen Plätzen optimal verfolgt werden können.
Unterhalb des Saales wurde ein Restaurant eingerichtet, in dem die Besucher die Pausen angenehm verbringen können. Am 7. Oktober 1999 wurde das Gran Teatre del Liceu wiedereröffnet und konnte sich schnell einen Platz in der nationalen und internationalen Kulturszene erobern. Heute finden hier unter anderem die größten Wagner-Festspiele außerhalb von Bayreuth statt, und es ist unter anderem bekannt für seine aufwendigen Bühnenbilder.
Das Gran Teatre del Liceu kann täglich zwischen 11.30 und 13.00 Uhr besichtigt werden, wobei man in dieser Zeit selbstständig durch das Gebäude streifen kann. Karten, auch für geführte Touren, gibt es an der Kasse im Untergeschoss.

CAFÈ DE L'ÓPERA

Die Anfänge des Cafés gehen auf das Ende des 18. Jh. zurück. Vor dem Gebäude fuhren die Kutschen in Richtung der umliegenden Dörfer ab, und so war es zu Beginn eine Art Raststätte. Mit dem Bau des Theaters entwickelte sich das Lokal zu einer klassischen Chocolaterie im Stil eines Wiener Kaffeehauses. Aus dieser Zeit sind noch die Wandspiegel erhalten. Um die Jahrhundertwende wurde es dann zum Café und Bistro. Damals trug das Lokal den Beinamen »La Malloquina« und war eine der nobelsten Adressen der Stadt. Adel und Großbürger trafen sich hier. Im Jahr 1928 kaufte ein Vorfahr der heutigen Besitzer den Betrieb und gestaltete ihn im Jugendstil um. Das Cafè de l`Ópera öffnete 1929 seine Pforten und stellte den Betrieb bis heute niemals ein. Die Besitzer sind stolz auf drei Gästebücher, in denen sich durch die Jahrzehnte viele berühmte Menschen verewigt haben.

WEITERE INFORMATIONEN

Gran Teatre del Liceu:
www.liceubarcelona.cat
Cafè de l'Ópera:
www.cafeoperabcn.com

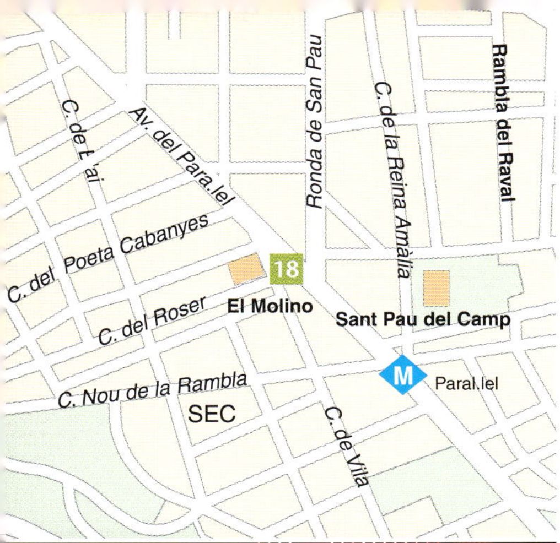

Im Stil des Moulin Rouge: die Fassade des Burlesketheaters (oben). Die Show: ein prickelndes und immer ästhetisches Vergnügen (unten). Die Mischung aus Akrobatik und Erotik (oben rechts) begeistert das Publikum (unten rechts).

18 El Molino

Bourleske Kultur

Das Theater war 100 Jahre lang fester Bestandteil der städtischen Kulturszene. Es überlebte den Bürgerkrieg und zwei Diktaturen, bis es 1997 doch noch geschlossen werden musste. Vergessen konnten die Barcelonesen ihre Mühle aber nicht, und schließlich brachte eine private Investorengruppe wieder Leben ins El Molino zurück.

Im Jahr 1898 wurde das Lokal La Pajarera, das Vogelhaus, eröffnet. Es stand an der Straße El Paralelo im Stadtteil Poble Sec, der wegen der Vielzahl an Theatern, Varietés, Kaffeehäusern und Musikhallen als »Montmartre Barelonas« bezeichnet wurde. Ursprünglich war es eine üble Spelunke, in der es von betrunkenen Seeleuten und streitlustigen Arbeitern nur so wimmelte. So verkaufte der Besitzer sein Geschäft bereits nach einem Jahr weiter – für 100 Peseten an einen Mann aus Andalusien.

Clevere Geschäftsidee

Der neue Eigentümer änderte den Namen in »La Pajarera Catalana«, das Katalanische Vogelhaus, installierte ein drei Meter langes Tableau und ließ dort Flamenco tanzen. Seine Truppe bestand aus jungen Andalusiern, ehemaligen Dienstmädchen und Tagelöhnern, die sich als Tänzer versuchten. Schließlich gab es noch einen Transvestiten, der die Rolle des Conférenciers übernahm. Keiner aus der Truppe verdiente Geld, und die Kostüme mussten selbst bezahlt werden. Doch sie bekamen zu essen, zu trinken, eine Schlafstelle – und sie hatten ein Dach über dem Kopf. Damit hatten sie es besser als viele andere.

Ab 1901 begann La Pajarera Catalana erste eigene Singspiele zu inszenieren, ein Bauchredner trat auf und das Programm wurde deutlich besser. Sehr beliebt war auch »Caballero Felip«, ein Reiterakrobat, der die Zuschauer anlockte. Bis 1910 eröffneten weitere Theater und Cafétheater an der Straße El Paralel, darunter das Gran Teatre Espanyol und das Teatre Condal. Der geschäftstüchtige Andalusier erweiterte derweil seinen Service um ein Restaurant und bot einen kostenlosen Fahrservice an. Ab 22.00 Uhr wurden die Kunden von der Rambla aus zum La Pajarera Catalana gebracht und in der Nacht auch wieder zurück. Er engagierte Prostituierte, die die Gäste zum Trinken animierten und machte mit allem ein sehr gutes Geschäft.

Neuer Chic

1905 verkaufte er das Lokal, das unter dem Namen »Gran Salón del Siglo XX«, Großer Salon des 20. Jahrhunderts, wiedereröffnet wurde. Eine Renovierung im Jahr 1910 brachte den Jugendstil ins Haus, und 1916 kam es zu einer erneu-

ten Namensänderung. In Anlehnung an das Pariser Original erhielt das Lokal nun den Namen »Moulin Rouge«.
Im Jahr 1929 kam es zu Umbauarbeiten, in deren Zuge auch die Windmühlenflügel, ebenfalls nach Pariser Vorbild, montiert wurden. Sie sind noch immer das Wahrzeichen des El Molino. Auch während des Spanischen Bürgerkriegs blieb das Lokal geöffnet. Ab 1939, während der Franco-Diktatur, durfte nur noch Spanisch gesprochen werden, alle anderen Sprachen, auch Katalanisch, waren verboten. Das Lokal erhielt seinen heutigen Namen »El Molino«, das »Rouge« verschwand völlig, denn es erinnerte Franco zu sehr an seine Gegner, die Kommunisten.
Wieder wurde das Geschäft verkauft, und der neue Besitzer machte es zu einem Ort der Sekttrinker. Das »gemeine Volk« konnte sich die neuen Preise nicht mehr leisten. Doch die Zeiten in den 1960er- und 1970er-Jahren waren schlecht, und nur der Umsichtigkeit der Besitzerin ist es zu verdanken, dass das El Molino das damalige Theatersterben überlebte. 1997 musste es dann dennoch schließen.
Die Wiedereröffnung des El Molino konnte durch eine Gruppe privater Geldgeber ermöglicht werden, die fünf Millionen Euro in die Renovierung und Modernisierung des Lokals investierten. Am 18. Oktober 2010 wurde das El Molino mit seinem ersten Programm »Made in Paral·lel« ins Leben zurückgeholt. Seitdem ist es wieder zu einer festen Institution in der Theaterszene Barcelonas geworden und konnte sich bereits einen sehr guten Ruf erspielen.

FLOHMÄRKTE IM RAVAL

Barcelona ist bekannt für seine Vielzahl an Floh,- Kunst,- und Sammlermärkten. Im Zentrum gibt es zum Wochenende hin einige recht interessante »Firas«, wie die Flohmärkte auf Katalanisch heißen. El Mercat de Sant Antoni, rund um die gleichnamige Markthalle, findet jeden Sonntag statt. Auf dem beliebten Markt gibt es gebrauchte Bücher, Zeitschriften, Comics, Postkarten, Briefmarken und vieles mehr. Viele Anwohner verkaufen oder tauschen hier ihre Sachen. Im Volksmund wird der Markt auch »Mercat de Col«, Kohlmarkt, genannt. Den Mercadillo de la Plaça de Sant Josep gibt es an jedem Wochenende. Katalanische Künstler, die in verschiedenen Stilrichtungen und unterschiedlichen Techniken malen, ausstellen und auch Aufträge entgegen nehmen.

WEITERE INFORMATIONEN

El Molino: www.elmolinobcn.com
El Mercat de Sant Antoni:
So 8.00–15.00 Uhr, Ronda Sant Pau/
Carrer Comte d'Urgell.
El Mercadillo de la Plaça de Sant Josep:
Plaça de Sant Josep/Las Ramblas,
Sa 11.00–22.00 Uhr und
So 11.00–14.00 Uhr.

Die Truppe des »El Molino« ist seit über 100 Jahren ein fester Bestandteil im kulturellen Leben von Barcelona!

Die farbenfrohen *trencadís* (Scherbenmosaike) sind ein wichtiger Bestandteil in Gaudís Werk (oben und unten). Im Palau selbst herrscht Luxus pur – von oben, der Kuppel (rechts oben), bis hinab zu den Ställen (rechts).

19 Palau Güell

Jugendstilarchitektur in Vollendung

Der Palast ist eines der frühesten Werke von Antoni Gaudí. Das Gebäude beeindruckt durch seine Fassade, die Eingangshalle mit ihrer Lichtkuppel und vor allem durch die Dachterrasse mit ihrem »Garten« aus 20 bunt verzierten Schornsteinen. Sie sind schon lange zum Wahrzeichen Barcelonas geworden und zählen zu den beliebtesten Touristenattraktionen.

Gaudí entwarf den Palast für seinen Mäzen, den Industriellen Eusebi Güell (1846–1918), auch Graf von Güell. Das Gebäude liegt an der Nou de la Rambla, nur wenige Meter von der Rambla entfernt. Während andere wohlhabende Bürger der Stadt ins neue Stadtteil Eixample zogen, wollte Güell in der engen Altstadt bleiben. Eine Entscheidung, die die Arbeit des Architekten nicht gerade einfacher machte.

Der Plan

Der Zustand des Raval war Ende des 19. Jahrhunderts katastrophal. Unkontrollierte Zuwanderung und die Überlastung der Infrastruktur hatten zu unhaltbaren sanitären und sozialen Zuständen geführt. Darum schlug Güell für den Bau des Palastes eine Ausrichtung nach innen vor, um die Privatsphäre der Familie zu schützen. Dies ermöglichte dem Kunst- und Kulturförderer, in seinem Haus Konzerte, Lesungen und Vorträge abzuhalten, während auf der Straße ungezügelter Lärm herrschte.
Güell hatte weitere Vorstellungen: Um eine zentrale Eingangshalle sollten vertikale Proportionen angelegt werden, die sich vom Erdgeschoss bis zur Dachterrasse erstreckten. Als Abschluss wünschte er sich eine Kuppel, in die ein zentrales Oberlicht eingelassen sein sollte. Während die Fassade eher schlicht gehalten wurde, wollte er im Inneren keinen Luxus missen. Der Palast vereinte Geschäftliches und Privates. Das Erdgeschoss, die Beletage, wurde gewerbsmäßig genutzt, im ersten Stock lebte die Familie und im Dachgeschoss hatte die Dienerschaft ihre Unterkünfte. Das Untergeschoss wurde als Einfahrt genutzt. Baubeginn war Oktober 1886.

Die Umsetzung

Gaudí standen gerade mal 18 auf 22 Meter Grundfläche zur Verfügung, um alle Wünsche seines Auftraggebers zu verwirklichen. Die Fassade des Palau Güell wirkt sehr bescheiden. Vorherrschend ist grauer Kalkstein, und es gibt fast keine Ornamentik. Zwei riesige Bogen prägen den Eingangsbereich, der mit schmiedeeisernen Gittern, Zierwerk und Tiersymbolen fast wie eine Festung wirkt. Dieser Eindruck war offenbar beabsichtigt und sollte Einbrecher abhalten. Durch die Einfahrt konnten Kutschen

über Rampen ins Untergeschoss fahren, wo die gut situierten Besucher unbehelligt aussteigen konnten, um über Treppen ins Haus zu gelangen. Diese Wagenhalle zählt zu den interessantesten Räumen, die Gaudí je geschaffen hat.
Im Geschoss darüber befanden sich Büros, eine Bibliothek und das Vestibül, von dem aus man in die verschiedenen Geschosse und Räume gelangt. Der gesamte Innenbereich ist mit Marmor ausgestattet, es gibt Buntglasfenster und jeden Luxus. Die Beletage verfügt über diverse Ausstellungs- und Mehrzweckzimmer sowie über einen großen, 17 Meter hohen Salon, dessen Design und Dekor ebenfalls von Gaudí stammen. Er ließ sogar Möbelstücke für den Palast herstellen. In einem Zwischengeschoss, das über einen prächtigen Treppenaufgang zu erreichen ist, wurden Musikabende veranstaltet.
Im nächsten Stock lagen die Schlafzimmer des Ehepaares Güell, die Kinderzimmer und das Bad. Das Dachgeschoss war ausgestattet mit Küche und Waschküche sowie mit Schlafzimmern für die Bediensteten. Auf der Dachterrasse stehen die 20 bunten, verspielten Kamine, die nicht nur zum Heizen, sondern auch zur Belüftung des Gebäudes dienen. Als der Palast zur Weltausstellung 1888 offiziell eingeweiht wurde, war er noch nicht fertig. Die Arbeiten gingen bis 1890 weiter. Die Schornsteine wurden erst 1895 nachträglich installiert.
1984 wurde der Palau Güell, neben anderen Bauwerken Gaudís, in die Liste der Kulturdenkmäler der UNESCO aufgenommen. Er kann besichtigt werden.

BAR MARSELLA

Die Bar Marsella ist die wohl älteste Bar in Barcelona, denn sie wird nachweislich seit 1820 betrieben. Hohe Decken, rauchgeschwärzte Wände und ein Ambiente aus lange vergangenen Zeiten verrät, was die Bar früher war: ein Treffpunkt der Boheme. Dieses Flair möchte man bewahren, und so ist es folgerichtig, dass die Spezialität des Hauses Absinth ist. Das Getränk ist heute der Renner in Barcelona. Traf man sich zuvor auf eine »Copa« vor dem Nachtprogramm, so ist der Absinth heute ein MUSS: Zucker auf die Gabel über dem Glas und langsam das Wasser darübertropfen lassen, bis sich der Zucker aufgelöst hat. So wird Absinth in der Bar Marsalla getrunken, und er ist hier mit unter 5 Euro pro Glas recht günstig. Auch das ist ein Grund für die Beliebtheit des Lokals. Auch wenn man anderswo besseren Absinth findet, diesen Preis und dieses Ambiente gibt es nur hier.

WEITERE INFORMATIONEN

Palau Güell: www.palauguell.cat
Bar Marsella: werktags 22.30–2.30 Uhr, am Wochenende bis 3 Uhr, Carrer de Sant Pau 65, Tel. 9 34 42 72 63.

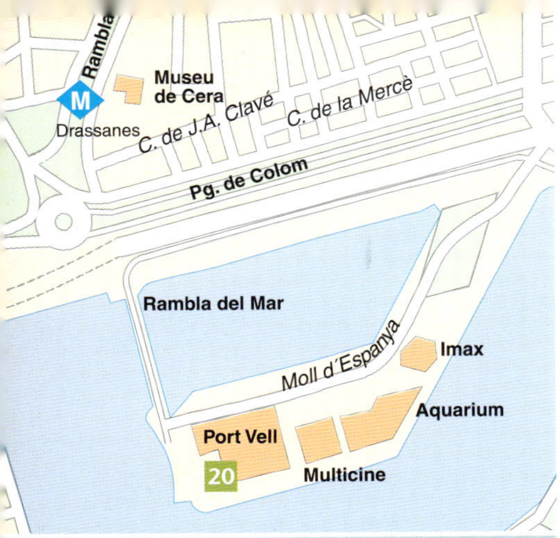

Im Port Vell (oben) liegt der Schoner »Santa Eulalia« (unten) – Mitfahren ist erwünscht! Das Museu Marítim zeigt die Pracht der Seemacht Barcelona (rechts oben). Wie ein Casino wirkt das Gebäude der Verwaltung der Handelsschifffahrt (rechts unten).

20 Port Vell

Alter Hafen in neuem Gewand

Für die Olympischen Spiele 1992 wurde der Hafen restauriert und neu gestaltet. Die alten, unansehnlichen Werften verschwanden mitsamt den abgewrackten Fischkuttern im Hafenbecken. Das Hafenviertel bietet nun attraktive Bars und Restaurants, Geschäfte und unterschiedliche Freizeitangebote. Die Moll de la Fusta und Moll d'Espanya sind beliebte Treffpunkte für Einheimische und Besucher.

Barcelona besitzt drei Häfen. Der große Industriehafen unterhalb des Montjuïc-Berges ist der größte Hafen Spaniens und bietet seit seinem Ausbau auch Terminals für Kreuzfahrtschiffe und Fähren zu den Balearen. In der Mitte liegt der Jachthafen Port Olímpic, der für die Olympischen Spiele 1992 gebaut wurde, und der südlichste Bereich wird vom Alten Hafen, Port Vell, besetzt.

Sehenswertes

Der zentrale Platz des Alten Hafens ist die Plaça del Portal de la Pau mit dem Kolumbusdenkmal in der Mitte. Das Alte Zollamt, Aduana vieja, liegt ebenfalls an der Plaça del Portal de la Pau und reicht bis zur Plaça de la Carbonera. Es ist so riesig, dass es praktisch den gesamten Bereich einnimmt. Das Gebäude wurde 1896 bis 1902 von Enric Sagnier i Villavecchia (1858–1931) und Pere García i Fària (1858–1927) im klassizistischen Stil errichtet und beherbergt heute ein Finanzamt. Die Aduana ist in Form eines gigantischen »H« erbaut und ist ein schönes Beispiel für den Eklektizismus in der Architektur, der im 19. Jahrhundert sehr beliebt war. Der Eklektizismus zitiert architektonische Stilelemente mehrerer Epochen an einem neuen Bauwerk. Die reich geschmückte Fassade ist mit Skulpturen von berühmten Bildhauern Barcelonas bestückt. Besonders auffallend sind die geflügelten Sphinxen, die die Türme säumen.

Ein wenig weiter, am Hafenbecken, liegt die Anlegestelle der Golondrinas. Bei ihnen handelt es sich um Vergnügungsboote, die bereits seit 1888 eingesetzt werden. Auf den ersten Blick erscheint es vielleicht ein wenig seltsam, sich auf eines der Holzboote zu begeben und im Hafenbecken herumzuschippern. Doch die Rundfahrt, die etwa 35 Minuten dauert, bietet interessante Perspektiven auf die Stadt und schafft durch die frische Seeluft vor allem im Sommer eine echte Abkühlung.

Moll d'Espanya

Ein wenig die Moll de les Drassanes hinauf, zu erkennen am hölzernen Bodenbelag, beginnt die Rambla del Mar, eine Verlängerung der Rambla bis zur Moll d'Espanya. Wer gern bummeln geht, fin-

det hier das Shopping- und Vergnügungszentrum Maremagnum. Es bietet alle Arten von Einkaufsmöglichkeiten wie Modeboutiquen, Schuhgeschäfte, Accessoires und Schmuck, außerdem Friseure, Parfümerien, Designläden, Einrichtungs- und Haushaltswaren, Elektronik, Spielzeug, Souvenirs und Süßigkeiten. Die Geschäfte sind täglich von 10 bis 22 Uhr geöffnet.
Zahlreiche Cafés und Restaurants im Maremagnum besitzen wunderschöne Terrassen, direkt am Meer. Restaurants sind täglich bis 1 Uhr geöffnet, Bars und Freizeiteinrichtungen sowie die Terrassen schließen erst um 4.30 Uhr morgens. Regelmäßig veranstaltet das Maremagnum Konzerte, Theateraufführungen oder Ausstellungen.
Die Moll d'Espanya ragt, anders als die sie umgebenden Molen, ins Hafenbecken hinein und bildet das Zentrum von Port Vell. Sie ist bekannt für ihre Fischrestaurants und wird flankiert von der Moll de Barcelona, die von dem bekannten Word Trade Center überragt wird, einem Bürokomplex am Ende der Moll de Barcelona. Außerdem ist der Turm Torre Sant Sebastià, einer der Türme der Hafenseilbahn, von der Moll d'Espanya aus sehr gut zu sehen.
Auf dem Passeig d'Ìtaca, der stadtwärts auf der Moll d'Espanya verläuft, ist das Aquarium die größte Attraktion. Es wird im übernächsten Highlight vorgestellt.
Weiter auf dem Passeig d'Ítaca kommt man zum eigentlichen Port Vell. Heute befinden sich hier Anlegestellen für Ausflugsboote, Sportboote und Jachten aller Kategorien. Außerdem liegen hier die Docks der Fischerboote. Im Alten Hafen haben sich Bürohäuser, Freizeitzentren und Geschäfte angesiedelt. Natürlich gibt es auch jede Menge Restaurants.

GEFÜHRTE SEGWAY-TOUR

Segways sind längst keine Besonderheit mehr, doch Neulinge haben gewöhnlich jede Menge Respekt vor ihnen. Dabei ist diese Art der Fortbewegung gerade in Städten mit Kopfsteinpflaster eine wohltuende und knieschonende Alternative zum Gehen. Sie können sie direkt über das Internet buchen und dabei Ihre Sprache auswählen. Treffpunkt ist die Plaça Sant Jaume. Die Segway-Tour durch Barcelona beginnt mit der Erklärung des Gerätes und einer kleinen Trainingseinheit. Helme und Sicherheitsausrüstung sind im Preis enthalten. Wenn alle Teilnehmer bereit sind, geht es los. Von Sant Jaume geht es zum Hafen, vorbei an der Kolumbusstatue zur Barceloneta. Von dort zum Fischerviertel, am Strand entlang zum Olympischen Dorf und schließlich zum neuen Bezirk 22@. Die Tour dauert ca. 2 Stunden, ist spannend und informativ und wird bereits für Kleingruppen ab 2 Personen durchgeführt.

WEITERE INFORMATIONEN

Port Vell: www.marinaportvell.com
Golondrinas: www.lasgolondrinas.com
Maremagnum: www.maremagnum.es
Segway-Touren: www.getyourguide.de

Die Rambla del Mar ist die wellenförmige Verlängerung (oben) der legendären Flaniermeile. Sie führt über das Wasser zum Maremagnum (rechts), das man auch gut von der Moll de Fusta aus bewundern kann (unten).

21 Rambla del Mar

Die Verlängerung der Rambla

Sie unterscheidet sich sehr vom oberen Teil der Flaniermeile. Während auf der oberen Rambla bekanntermaßen der Bär steppt, machen die Meeresluft und die Möglichkeit, ein wenig Ruhe zu tanken, diesen wunderschönen unteren Abschnitt der Rambla aus.

Die wellenförmige Fußgängerbrücke ist bereits von Weitem sichtbar. Sie wurde in den Jahren von 1990 bis 1995 nach Plänen von Albert Viaplana i Veà (1933–2014) und Helio Piñón (geb. 1942) erbaut. Vom Architekturbüro Viaplana und Piñón stammen auch das Einkaufs- und Erlebniscenter Maremagnum auf der Moll d'Espanya am Ende der Rambla del Mar sowie weitere bekannte Gebäude in Barcelona. Mit diesem Projekt konnte der Neugestaltung des Hafenviertels, das eigentlich bis zu den Olympischen Spielen 1992 vollendet sein sollte, ein weiteres sehr bedeutendes Modul hinzugefügt werden. Hatte sich die Stadt zuvor jahrzehntelang vom Wasser abgewendet, so präsentiert sie sich seit dem Bau der Rambla del Mar auch zum Mittelmeer hin offen und einladend. Für die Gestaltung der hölzernen Hängebrücke wurde ein Wellenmuster gewählt, das die enge Verbindung Barcelonas zum Meer symbolisiert. Eine historische Verbindung zwischen Rambla und Rambla del Mar gibt es jedoch nicht. Es ist die heutige Verlängerung der berühmten Flaniermeile.

Platz zum Flanieren

Doch der Charakter der Rambla del Mar ist ein denkbar anderer als der der Rambla. Im alten Hafengebiet und auf der Brücke findet man tagsüber eine ruhige, entspannte Atmosphäre, die eigentlich zu schade ist, um nur schnell vom Ufer zur Mole zu gelangen. Auf der Rambla del Mar gibt es immer wieder breite Plätze, die einen tollen Rundumblick bieten. Hier laden Bänke zum Ausruhen ein, und während man sich entspannt, kann man sich die Jachten zur linken Seite ansehen, das schiffsförmige, weiße Gebäude des Maramagnum auf der Mole betrachten, fast daneben den Turm der Seilbahnstation mit den stetig surrenden Kabinen, oder man genießt den Blick in die Weite, aufs Meer hinaus.
Auf den Brückenplätzen stellen Künstler ihre Werke aus und Musiker und Gaukler präsentieren ihr Können. Doch all dies erfolgt sehr unaufdringlich und verhalten. Man respektiert die Rambla del Mar als Ort der Ruhe und der Erholung.

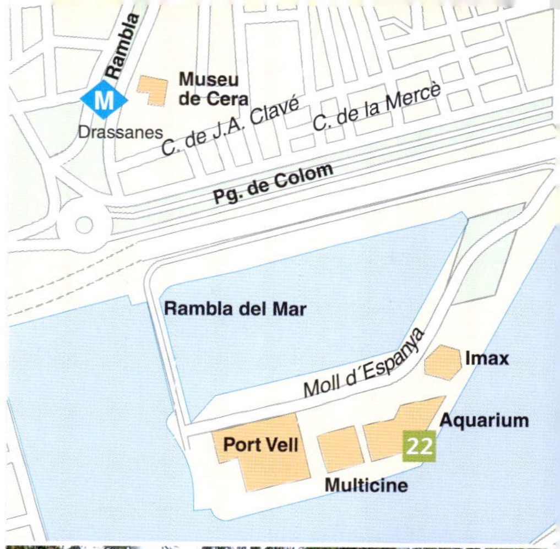

22 Das Aquarium

Das größte Aquarium der Welt zum Thema Mittelmeer

Nach der Kirche La Sagrada Família ist es die meistbesuchte Touristenattraktion der Stadt. Zu sehen sind mehr als 11 000 Meereslebewesen aus über 450 Spezies.

Die Anlage wurde im Jahr 1995 eröffnet und liegt auf der Moll d'Espanya im Alten Hafen, dem Port Vell. Das Aquarium verfügt über 35 Wasserbecken mit Nachbildungen von Meereslebensräumen der gesamten Welt, die insgesamt mehr als 11 000 Lebewesen beheimaten. Neben dem mediterranen gibt es außerdem ozeanische, tropische und arktische Becken sowie Miniaquarien mit außergewöhnlichen Meeresbewohnern, darunter verschiedene ungewöhnliche Muschelarten, die als Forschungsobjekte auch einen wissenschaftlichen Zweck erfüllen.

Durch das Haifischbecken laufen

In den Meereswelten leben Haie, Rochen und Oktopusse, Moränen und weitere über 8000 verschiedene Fische. Das absolute Highlight des Aquariums ist Tank Nummer 17, ein riesiges Becken, das sechs Millionen Liter Wasser fasst und in einem 80 Meter langen, gläsernen Tunnel durchquert werden kann. Es ist schon ein Erlebnis, Haie über seinem Kopf schwimmen zu sehen und Tiefseefische zu beobachten, die man sonst nur aus dem Fernsehen kennt. Ganz mutige dürfen gegen Bezahlung sogar mit den Haien tauchen. An drei Tagen in der Woche werden die Tiere aus der Hand gefüttert, und für Kinder zwischen acht und zwölf Jahren gibt es das Angebot, im Tunnel bei den Haien zu übernachten. Während die Haie den Besuchern eisige Schauder über den Rücken laufen lassen, können die Pinguine die Herzen des Publikums im Sturm erobern. Bei der Fütterung der possierlichen Tiere kann man täglich zweimal zuschauen. Insgesamt werden für die Meeresbewohner des Aquariums 150 verschiedene Menüs zubereitet, eine Zahl, die die Dimensionen der Anlage verdeutlicht.
Obwohl das Aquarium auch als Freizeiteinrichtung ausgelegt ist, bleibt es dennoch ein Museum. Es hat den Auftrag, die Besucher über das Leben in der Tiefe zu informieren, alles Wissenswerte über die Meeresbewohner zu vermitteln und das Zusammenwirken der unterschiedlichen Biotope zu erklären. Letztendlich ist es eine wissenschaftliche Einrichtung, die sich dem Erhalt der bedrohten Lebensräume unter Wasser verpflichtet hat.
INFO: www.aquariumbcn.com

Das Aquarium – ein absoluter Magnet für Jung und Alt – egal, aus welcher Perspektive: von oben (oben), mit den Bewohnern Auge in Auge (unten) sowie von unten mit Blick auf den weißen Bauch des Hais (links).

IMAX PORT VELL

Nicht nur vom Montjuïc und der Seilbahn aus hat man einen tollen Blick auf den Hafen: Auch das Panorama, das sich von der Besucherplattform des Kolumbusdenkmals aus bietet, ist überaus sehenswert.

Im Eixample findet man die meisten Gebäude des Modernisme, wie die luxuriöse Casa Fuster (oben), das verspielte Hospital de Sant Pau (Mitte), den Park Güell (unten) und Gaudís Meisterwerk, die Sagrada Família (rechts).

L'Eixample – Gaudís Erbe

Der Passeig de Gràcia ist das Gegenstück zur Avenue des Champs Élysées in Paris (oben). Hier residieren viele große Marken (unten). Die Prachtstraße ist außerdem gespickt mit großartigen Werken des Modernisme wie die Casas Rocamora. Der luxuriöse Boulevard beeindruckt mit Wasserspielen (rechts oben) und ist eine Art Verlängerung der Rambla (rechts unten).

23 Passeig de Gràcia

Modernisme und Shopping

Die Flaniermeile ist eine der wichtigsten Straßen der Stadt. Den 1500 Meter langen Boulevard säumen Bäume, Bänke, Kunstwerke und unzählige Geschäfte. Nicht zuletzt dem Passeig de Gràcia verdankt Barcelona seinen Ruf als Einkaufsmetropole. Nirgends sonst auf der Welt gibt es so viele Bauwerke, Skulpturen und Anlagen aus der Belle Époque, einer Zeit der Lebenslust und des Luxus.

Das Stadtviertel l'Eixample entstand auf dem Reißbrett. Es liegt zwischen der Altstadt, Ciutat Vella, und einigen ehemaligen Kleinstädten wie Sants, Gràcia und Sant Andreu. Der Stadtplaner und Architekt Ildefons Cerdà (1815–1876) entwarf Mitte des 19. Jahrhunderts die Straßenzüge wie ein Schachbrettmuster, und es wurde im großzügigen neuen Stil, dem Modernisme, hochherrschaftlich gebaut. Selbst die Begrünung mit den zahllosen Bäumen war Teil des Planes.

Modernisme – katalanischer Jugendstil

Der Begriff »Modernisme« bezeichnet in Katalonien eine umfassende künstlerische Bewegung, die sich Ende des 19. Jahrhunderts entwickelte und bis in die ersten Jahrzehnte des 20. Jahrhunderts fortdauerte. Dabei ist der Stil keine rein katalanische Angelegenheit. In Deutschland spricht man vom Jugendstil, in Österreich von der Sezession und in Frankreich wird er als Art Nouveau bezeichnet. In England und den USA kennt man ihn als Modern Style. In Katalonien hat der Modernisme aber auch eine politische Bedeutung. Er ist Ausdruck der beginnenden Separationsbewegung, die bis in unsere Tage anhält. Es geht dabei um die Erhaltung der katalanischen Sprache und Kultur sowie um die wirtschaftliche Abgrenzung zum restlichen Spanien. Die Formensprache des Modernisme verdeutlicht das politische Ansinnen der Künstler dieser Zeit. Der Kampf mit dem Drachen, der Drache als wiederkehrende Figur und die Farbe Blau, die Unabhängigkeit symbolisiert, sind praktisch in oder an jedem Gebäude vorhanden.

Freilichtmuseum

Der Stadtteil Eixample wurde zum Inbegriff des modernen Barcelona als Stadt des Fortschritts und der Kultur. Vorbei die Zeit enger Gassen, dunkler Ecken und maroder Mauern. »L'Eixample« bedeutet Erweiterung und steht für Zukunft und Entwicklung. Dieses Denken spiegelt sich im Passeig de Gràcia, dem schönsten und wichtigsten Boulevard des Viertels. Er ist auch heute noch eine der angesagtesten Einkaufsstraßen der Stadt, es gibt hier Cafés, Bars und Restaurants.

Elegante Adresse (oben), schattiger Luxusboulevard (unten), begrenzt von erfrischenden Fontänen (rechts oben).

Und es gibt den Modernisme. Der Passeig de Gràcia wird zurecht auch gern das »Freilichtmuseum des Jugendstils« genannt.

Die Gebäude

Denn wie in einem Museum kann man die wichtigsten Gebäude des Modernisme nacheinander besuchen, sie alle befinden sich recht nahe beieinander. Die hier beschriebenen sind sogar zu Fuß zu erreichen. An der Avinguda Diagonal Nr. 442, direkt an der Kreuzung zum Passeig de Gràcia, steht die Casa Comalat. Das Gebäude wurde zwischen 1906 und 1911 nach Plänen des Architekten Salvador Valeri i Pupurull (1873–1954) erbaut und besitzt zwei Fassaden. Die Hauptfassade an der Avinguda Diagonal ist aus Stein und wirkt geordnet, aber dekorativ. Die hölzerne Eingangspforte ist mit schmiedeeisernen Elementen versehen, zu beiden Seiten befinden sich große, sehr kurvige Balkone, die fast organisch wirken. Die rückwärtige Fassade der Casa Comalat, in der Carrer de Còrsega, fällt auf durch ihre üppigen, asymmetrischen Holzgalerien und ihre bunten Kachelmosaike, die das Gesamtbild sehr lebendig wirken lassen. Die Kacheln wurden von dem Künstler Lluís Bru i Salelles (1868–1952) exklusiv für das Gebäude entworfen. Ein hübsches Detail ist das »Harlekin-Hütchen«, das die Fassade krönt.
Ein weiteres Modernisme-Gebäude an der Avinguda Diagonal ist der Palau de Baró Quadra, auf der anderen Straßenseite, mit der Hausnummer 373. Auch an diesem Bauwerk gibt es zwei Fassaden, die rückseitige liegt am Carrer Rosellón 279. Das Gebäude wurde von dem bekannten Architekten Josep Puig i Cadafalch (1867–1956) entworfen und in den Jahren 1904 bis 1906 für Baron Manuel

de Quadras erbaut. Heute ist hier das Institut Ramón Llull untergebracht, ein katalanisches Institut, das sich der Verbreitung der katalanischen Sprache und Kultur widmet. Die Fassade an der Avinguda Diagonal besitzt feinste Steinmetzarbeiten im plateresken Stil, ausgeführt durch den Bildhauer Eusebio Arnau i Mascort (1864–1933). Die Fassade in der Carrer Rosellón ist mit farbigem Sgraffito sowie einem Erker, der über das gesamte erste Geschoss verläuft, dekoriert. 1979 wurde das Gebäude zum katalanischen Kulturgut erklärt.

Schlösschen auf dreieckigem Platz

Mitten auf der Kreuzung von Carrer del Bruc, Carrer Roselló und Avinguda Diagonal, Hausnummer 416–420, steht ein gotisches Schlösschen. Es handelt sich um die modernistische Casa Terrades oder Casa de les Punxes, ein großes Wohnhaus, das von den Schwestern Terrades in Auftrag gegeben wurde. Da es von drei Straßen umschlossen wird, steht es auf einem dreieckigen Bauplatz. Ursprünglich waren es drei einzelne Mietshäuser, die den Schwestern gehörten. Sie ließen sie renovieren, zusammenlegen und durch eine gemeinsame Fassade verbinden. So kam es zu diesem ungewöhnlichen Grundriss. Architekt war auch bei diesem Projekt Josep Puig i Cadafalch. Das Schlösschen wurde 1905 fertiggestellt. Der mittelalterliche Eindruck wird durch die Ziegelsteinfassade erzeugt, die dem Gebäude ein monumentales Aussehen verleiht. Zitate aus der Gotik finden sich in den spitzen Giebeln und den behelmten Türmchen an den sechs abgerundeten Ecken des Gebäudes. Wegen dieser Turmspitzen wird das Haus auch Casa de les Punxes, Haus der Spitzen, genannt.

Über die Avinguda Diagonal der Carrer del Bruc folgend, gelangt man zur Carrer de Mallorca. Unter der Hausnummer 291–293 findet man hier die Casa Tho-

Der Passeig de Gràcia ist eine Haltestelle für die Hop-on-Hop-off-Busse (links), Heimat der Luxusmarken (oben) und einer der Lieblingsboulevards der Touristen (Mitte und unten).

Nicht zuletzt die großartige Casa Lleó Morera (oben und unten) lockt die Besucher zu dem kontrastreichen Prachtboulevard (Mitte). Es ist eines der drei Gebäude des sogenannten Manzana de la Discordia der Architekturstars Gaudí, Puig I Cadafalch und Domènech i Montaner (rechts unten).

mas, nach Plänen von Lluís Domènech i Montaner. Sie wurde im Jahr 1898 fertiggestellt. Das Gebäude hat eine reich geschmückte, neogotische Fassade und gilt als Beispiel für den Modernisme in Reinkultur. An diesem Haus, dem Wohn- und Geschäftshaus der Industriellenfamilie Thomas, tauchten erstmals die für Lluís Domènech i Montaner charakteristischen Dekorationen auf: Blautöne in der Ausstattung der Fassade, Sonnenblumen an den Balkonbrüstungen und Drachenfiguren im Eingangsbereich. Im Erdgeschoss war die Druckerei des Eigentümers untergebracht – und im ersten Stock wohnte die Familie.

Meisterwerke des Eklektizismus

An der Carrer de Mallorca Nummer 278 steht der Palau Ramon Montaner aus dem Jahr 1893. Auftraggeber waren die beiden Verleger Montaner i Simón, die sich zwei luxuriöse Domizile errichten ließen. Dieser war der Wohnsitz von Ramón Montaner. Der Architekt Josep Domènech i Estapà (1858–1917) erstellte die Pläne. Er zählt zu den Vertretern des Modernisme, vertritt aber eine eigene Linie, den Eklektizismus. Darunter versteht man das Zitieren von Stilelementen aus vergangenen Epochen an einem modernen Bauwerk. So erinnert das Stadthaus an eine italienische Renaissancevilla, doch die bunten, wunderschönen Keramikfriese sind eindeutig dem Modernisme zuzuschreiben. Das Highlight dieses Gebäudes ist die Treppe zum ersten Stock. Heute ist eine Abteilung der Landesregierung hier untergebracht – und das Gebäude kann besichtigt werden.
In der zweiten Parallelstraße der Carrer de Mallorca, in der Carrer d'Aragó 255 befindet sich das Museum Fundació Tàpies, das im früheren Editorial Montaner i Simon, dem ehemaligen Verlagshaus Montaner i Simon, untergebracht ist. Mit der Planung beauftragte Ramón Montaner seinen berühmten Neffen Lluís Domènech i Montaner. Der dreigeschossige Industriebau mit gusseisernen Tragelementen und rotem Backstein wurde zwischen 1880 und 1885 errichtet. Mit dem Backstein wurden große Flächen ausgefüllt, die nötig waren, um die Druckmaschinen im Erdgeschoss installieren zu können. Die Fenster der Fassade sind bunt und mit Symbolen geschmückt, das Gebäude besitzt einen zentralen Patio und wirkt insgesamt wie ein Palast. Das Konstruktionsprinzip des Verlagshauses übernahm der Architekt später bei der Planung des Castell dels tres Dragons (1888) im Parc de la Ciutadella, das zur Weltausstellung gehörte.

Jugendstil am Passeig de Gràcia

Nur eine Ecke weiter, am Passeig de Gràcia 43, steht die Casa Batlló, die im nächsten Kapitel beschrieben wird. Genau daneben, mit der Hausnummer 41, erhebt sich die Casa Amatller, in der sich heute das gleichnamige Institut Amatller für hispanische Kunst befindet. Bei der Casa Amatller handelt es sich nicht um einen modernistischen Neubau, sondern um den Umbau eines älteren Gebäudes. Den Auftrag übernahm Josep Puig i Cadafalch, ein Zeitgenosse Gaudís, der die Fassade mit gestuftem Giebel schuf, wobei er sich durch die Architektur der Niederlande inspirieren ließ. Unterhalb des Giebels erstreckt sich eine Galerie über die gesamte Fassade. Oberhalb des Portals ist eine mit floralen Motiven ge-

schmückte Empore angefügt, daneben ein langer Balkon. Ebenfalls an der Fassade findet man den heiligen Georg, der mit dem Drachen kämpft, ein wichtiges Motiv der katalanischen Separationsbewegung.

Der Architekt plante die Casa Amatller im Stil eines katalanischen Gutsherrenhauses und fügte germanische Elemente hinzu, auf Basis eines gotischen Stadthauses. Im Patio wurde die Treppe zum ersten Stockwerk restauriert und das Innere mit Möbeln, Lampen und Fenstern modernistisch ausgestattet. Der Kamin ist ein Werk des Bildhauers Eusebio Arnau i Mascort (1863–1933). Die Casa Amatller zählt zu einem der drei Gebäude des sogenannten »Illa de la Discòrdia«, dem »Apfel der Zwietracht«, einem Architektenwettstreit des Modernisme.

Auch die Casa Lleó Morera, mit der Nummer 35, entstand während des »Illa de la Discòrdia«. Ihre modernistischen Elemente sind seit einem Umbau fast völlig zerstört, nur das Erdgeschoss wurde inzwischen wiederhergestellt. Das Gebäude stammt von Lluís Domènech i Montaner, der im Jahr 1905 von der Familie Lleó Morera den Auftrag bekam, ein 40 Jahre altes Haus in modernistischem Stil umzubauen. Er schuf einen privaten Palast, der in seiner künstlerischen Pracht und unvergleichlichen Schönheit gern mit dem Palau de la Música verglichen wird. Er galt als schönstes privates Haus des Modernisme. Im Eingangsbereich sind eine Laterne sowie ein Bogen mit sehr schönen Skulpturen erhalten. An den Balkonen befinden sich bildhauerische Arbeiten und im zweiten Stockwerk sind modernistische Fenster erhalten. In der Beletage sind noch Glasfenster, Skulpturen, Mosaike und Kacheln zu sehen.

BLUMEN NAVARRO

Zwischen Carrer de Mallorca und Carrer d'Aragó liegt die Carrer de València und hier findet man unter der Hausnummer 320 einen der beliebtesten Blumenläden Barcelonas. Das Besondere ist, dass das Geschäft 24 Stunden am Tag, 356 Tage im Jahr, geöffnet hat. Darüber hinaus gibt es auch einen Onlineshop, der nicht nur Blumensträuße und Tischdekorationen zu bieten hat, er hält vielmehr interessante Ideen für alle Familienfeste und Geburtstage sowie einige Einrichtungstipps bereit. Eine Hochzeitstorte aus Blumen, ein Bouquet aus bunten Lutschern und echtem Grün oder ein Geschenkkörbchen mit einem Arrangement aus duftenden Kräutern regen die Fantasie des Schenkenden an. Damit auch nichts schiefgeht, wenn man seiner Liebsten gegen 4.00 Uhr morgens noch eine florale Liebeserklärung machen möchte, gibt es eine detaillierte Liste mit den Bedeutungen der unterschiedlichen Blüten.

WEITERE INFORMATIONEN

Passeig de Gràcia:
www.paseodegracia.com
Blumen Navarro:
www.floristeriasnavarro.com

Hinter der Hausnummer 92 am Passeig de Gràcia verbirgt sich eines der vielen Meisterwerke Gaudís – die Casa Milà (oben), deren Hausdach organisch geformte Schornsteine zieren (unten). Einen halben Kilometer oberhalb der Plaça de Catalunya trifft der Besucher am Passeig de Gràcia 43 auf die Casa Batlló. Sie sticht mit ihrer farbenprächtigen Fassade sofort ins Auge (rechts).

24 Casa Batlló und Casa Milà

Gaudí-Häuser im l'Eixample

Antoni Gaudí war ein genialer Denker, ein origineller Geist – und er liebte die Natur. Und er ist einer der bekanntesten Architekten der Welt. Er war auch als Designer und Techniker tätig und hinterließ eine Vielzahl von Skulpturen, Denkmälern, Einrichtungsgegenständen und Gebäuden, darunter sogar eines, an dem noch heute gebaut wird. Jedes einzelne seiner Werke ist unvergleichlich.

Seine Kindheit verbrachte Gaudí in Reus, rund 90 Kilometer südwestlich von Barcelona. Von 1873 bis 1878 studierte er an der Architekturschule in Barcelona und arbeitete nebenher in verschiedenen Architekturbüros. Gaudís erster großer Auftrag war die Planung einer Fabrik mit einer Arbeitersiedlung (1878–1882), die jedoch nicht umgesetzt wurde. Bereits 1878 lernte Gaudí Eusebi Graf von Güell kennen, der sein Förderer und Auftraggeber wurde. 1883 übernahm Gaudí das Projekt »Sagrada Família«, mit dessen Bau bereits 1882 begonnen worden war. Von 1914 bis zu seinem Tod 1926 widmete er sich ausschließlich dieser Aufgabe.
Stationen seines Schaffens sind der Palau Güell (1886) und die Casa Calvet (1898), für die er 1900 den Preis als bestes Gebäude des Jahres von der Stadt Barcelona erhielt. Weitere wichtige Werke: Der Park Güell (1900–1914), die Casa Batlló (1904) und die Casa Milà (1906). Gaudí war nie verheiratet. Nach einer gescheiterten Liebe entschied er sich für ein tief religiöses Leben. Am 7. Juni 1926 wurde er auf dem Weg zur Baustelle, vom morgendlichen Gebet in der Kirche Sant Felip Neri kommend, von einer Straßenbahn erfasst und starb drei Tage später im Krankenhaus. Seit 2000 läuft ein Seligsprechungsverfahren für Antoni Gaudí. Wahrscheinlich wird er 2016, anlässlich seines 90. Todestages, seliggesprochen.

Der Apfel der Zwietracht

Bei der »Illa de la Discòrdia« handelt es sich um einen Architektenwettstreit, der zwischen Lluís Domènech i Montaner mit der Casa Lleó Morera, Josep Puig i Cadafalch mit der Casa Amatller und Antoni Gaudí mit der Casa Batlló ausgetragen wurde. Tatsächlich nahmen zwei weitere Architekten mit ihren Häusern teil, doch sie sind in Vergessenheit geraten. Die drei berühmtesten Baumeister des Modernisme aber schufen Gebäude, die an Luxus, Symbolik und Gestaltungsfreude nicht zu übertreffen waren. Am Passeig de Gràcia, auf einer Strecke von etwas mehr als 100 Metern, wurden diese sagenhaften Wohnhäuser zeitgleich erbaut. Wer damals gewann, ist eigentlich nicht wichtig, denn alle drei Gebäude sind einzigartig. Die Casa Lleó

Das Dach der Casa Battló erinnert an die Schuppen eines Drachens (oben). Die Innenräume der Casa Milà weisen die für Gaudí typischen organisch wirkenden Formen auf, und auch die Gestaltung des Dekors ist der Natur entlehnt (Mitte und unten). Der geschwungene Innenhof fügt sich natürlich perfekt in das Gesamtkonzept ein (rechts).

Morera von Domènech i Montaner erhielt allerdings als Einzige im Jahr 1906 den Preis der Stadt Barcelona als bestes Gebäude des Jahres. Der Begriff »Apfel der Zwietracht« bezieht sich übrigens auf die griechische Mythologie. Die Göttin Eris warf einen goldenen Apfel zwischen drei Göttinnen. Er sollte »für die Schönste« sein. Dies führte zu einem Streit der drei und endete mit dem Trojanischen Krieg.

Gaudís Beitrag

Am Passeig de Gràcia Nummer 43 steht die Casa Battló, die zu den bekanntesten Bauwerken Barcelonas zählt. Der Prachtboulevard war zur besten Adresse der Stadt geworden, und die reichen Bürger dort wetteiferten um das schönste, luxuriöseste und teuerste Gebäude. Unter der Hausnummer 43 stand bereits ein Gebäudekomplex aus dem Jahr 1877. Sein Besitzer, der Industrielle Josep Batlló i Casanovas, beauftragte Antoni Gaudí mit dem Neubau. Doch Gaudí war gegen einen Abriss und überzeugte den Auftraggeber, das Gebäude zu erhalten und von Grund auf zu sanieren.
Zwischen 1904 und 1906 fand der Umbau statt. Gaudí fügte ein zusätzliches Stockwerk sowie ein Dachgeschoss hinzu. Er schuf das berühmte geschwungene Dach mit den rautenförmigen Ziegeln, die den Schuppen eines Drachen nachempfunden sind. Es zeigt den Kampf des Heiligen Georg mit dem Drachen. Dieses Motiv setzt sich am gesamten Gebäude weiter fort. Das Kreuz auf dem Dach stellt die Lanze des Heiligen Georg, Sant Jordi, dar, die er in das Untier gestoßen hat. Die Casa Batlló gilt als entscheidendes Werk im Schaffen von Gaudí, denn sie ist völlig frei von Elementen anderer Epochen. Während der Architekt zuvor immer wieder auf die Gotik und den Barock zurückgriff, fand er hier seinen ganz eigenen Stil, der aus den Beobachtungen der Natur resultierte.
Gaudí verkleidete die Außenwände mit Stein, Keramik und Glas, in reicher Farbigkeit und einer sanften Wellenbewegung. Dadurch glitzert die Fassade in der Sonne und wirkt fast wie ein impressionistisches Gemälde. Die steinernen Balkone wirken wie Knochen und stellen in der Symbolik des Gebäudes auch die Knochen der Opfer dar. Zusammen mit den großen Erkern der Beletage, die das Maul des Drachen darstellen, beherrschen sie den unteren Teil der Fassade. Der obere Abschnitt ist geprägt durch die maskenförmigen Balkone aus Schmiedeeisen, die die Haut des Untiers imitieren. Es gibt aber auch die Meinung, die Balkone verkörperten Totenköpfe.
Im Inneren vergrößerte Gaudí den Lichthof und ließ ihn mit strahlenden Fliesen auskleiden, um eine möglichst große Reflektion zu erreichen. Außerdem diente der Schacht der Ventilation. Die eindrucksvollsten Räume besitzt die Beletage, in der die Eigentümer logierten, und das Dachgeschoss. Sie sind beispielhaft für den Naturalismus, der sich durch die späteren Werke Gaudís zieht. Gaudí vermeidet in den Räumen gerade Linien und achtete genau auf Details, als er die hölzernen Türen, farbigen Glasfenster, wunderschönen Fliesen und den Kamin plante. Die Casa Batlló steht seit 1962 unter Denkmalschutz und wurde 2005 in die Liste des UNESCO-Weltkulturerbes aufgenommen. Das Gebäude wurde

1995 umfassend restauriert und kann besichtigt werden.

Gaudís letzter privater Auftrag

Am Passeig de Gràcia 92 steht die Casa Milà, die auch als »La Pedrera« bekannt ist. Der Unternehmer Pere Milà i Camp war von der Casa Batlló sehr begeistert. Er beauftragte Gaudí 1906 mit dem Bau des Hauses, das Gaudís persönlichstes Wohnhaus wurde. Leider gefiel es weder dem Eigentümer noch den Bürgern von Barcelona. Schnell hatte sich das Gebäude den Spottnamen »La Pedrera«, der Steinbruch, eingefangen. Der Name geht auf die üppigen Formen der Fassade zurück, die wie eine ungezügelte, wellenförmige Steinskulptur wirkt. Einen Kontrast dazu sollen die gusseisernen Balkone und Terrassengitter darstellen, die jedoch nicht weniger massig wirken. Das Gebäude besitzt keine tragenden Wände, die Last ruht auf einer Eisenkonstruktion. In den Plänen des Architekten waren bereits Aufzüge vorgesehen, diese wurden jedoch erst später eingebaut. Die Tiefgarage dagegen war von Anfang an vorhanden. Ein ausgeklügeltes Belüftungssystem macht heute noch immer Klimaanlagen im Gebäude überflüssig. Für ausreichend Frischluft und Licht sorgen Licht- und Luftschächte. Gaudí beendete die Arbeiten 1910 und widmete sich danach ausschließlich seinem Lebenswerk, dem Tempel der Sagrada Família. Die Casa Milà wurde 1984 ebenfalls in die Liste des UNESCO-Kulturerbes aufgenommen.

KONZERTE AUF DEM DACH

Das Dach der Casa Milà ist täglich für Besucher geöffnet. Es ist wie ein Spaziergang durch eine verzauberte Welt, voller Farben und Formen und mit einem unglaublichen Ausblick über die Stadt.
Der Besuch einer Wohnung und der Kunstausstellung in der ersten Etage sowie ein Gang durch das Gaudí-Museum im Dachgeschoss sind ebenfalls im Eintrittspreis enthalten. Wer dem Ganzen allerdings noch die Krone aufsetzen möchte, kann eines der Konzerte junger Künstler auf dem Dach besuchen. Das Projekt wird von der Stiftung La Pedrera organisiert, die begabten spanischen Musikern eine Plattform bieten möchte. In jedem Jahr werden auf diese Weise drei Solisten gefördert. Jeder Musiker gibt drei Konzerte in drei aufeinanderfolgenden Monaten.

WEITERE INFORMATIONEN

Konzerte auf dem Dach der Casa Milà: Okt.–Juni jeden 3. So im Monat, jeweils 18.00 Uhr, www.lapedrera.com
Website: www.lapedrera.com (Casa Milà).

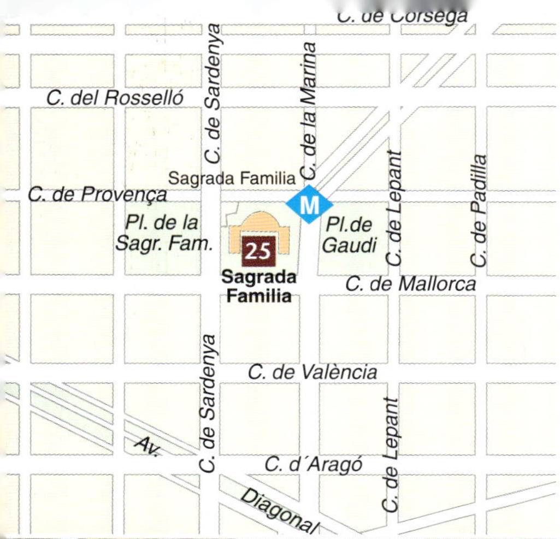

Das bis heute unvollendete Meisterwerk Gaudís (rechts) ist überaus symbolträchtig: Jesus wacht sitzend zwischen den Türmen auf der sogenannten Passionsfassade (oben), im Inneren ranken sich Weintrauben und Weizenähren, die das Blut und den Leib Christi symbolisieren, um den Baldachin über dem Altar (unten).

25 La Sagrada Família

Die aufwendigste Kirche aller Zeiten

Kirche und Baustelle nehmen eine Fläche von fast 18 000 Quadratmetern ein. Ab 1883 übernahm Antoni Gaudí die Bauleitung des »Tempels der Heiligen Familie« und änderte als Erstes sämtliche vorhandenen Pläne nach seinen Vorstellungen. Bis heute werden die Arbeiten ausschließlich durch Spenden finanziert. Die Kirche soll 2026 vollendet sein, zum 100. Todestag des berühmten Architekten.

Das Stadtviertel Sagrada Família wurde nach dem »Temple Expiatori de la Sagrada Família« benannt. Es ist Teil des Bezirks l'Eixample, im Zentrum der Stadt. Die Kirche nimmt einen kompletten Straßenblock ein und lag einst weit außerhalb der Stadt, denn hier war Bauland billiger.

Italien als Vorbild

Der Buchhändler José María Bocabella y Verdaguer (1815–1892) kam im Jahr 1874 mit der Idee von einer Italienreise zurück, eine so imposante Kirche zu erbauen, wie es sie nur in Italien gab. Es sollte eine Sühnekirche werden, ausschließlich durch Spenden finanziert. Über seinen Verein »Espiritual de Devotos de San José«, die geistlichen Verehrer des heiligen Josef, startete er eine Sammelaktion, die so erfolgreich war, dass bereits im Jahr 1881 das Grundstück erworben werden konnte. Als Bauleiter wurde der Architekt der Diözese, Francisco de Paula del Villar (1828–1901) gewonnen. Die Grundsteinlegung des Gotteshauses erfolgte am 19. März 1882, dem Tag des Heiligen Josef.

Geplant war eine deutlich kleinere, neugotische Kirche. Doch Architekt und Verein überwarfen sich und Paula del Villar legte die Arbeit nieder. Der junge, unerfahrene Gaudí wurde 1883 Bauleiter. Ein Teil der Krypta und die Apsis waren bereits erstellt und Gaudí übernahm sie, überarbeitete aber die Gewölbe. 1885 war sein neues Gesamtkonzept fertig. Es hatte bereits 18 Türme, stand aber noch deutlich unter gotischem Einfluss. Weitere großzügige Spenden ließen die Pläne für die Kirche immer umfangreicher werden. Gaudí selbst hatte die Bauzeit für die größte Kirche aller Zeiten auf 200 Jahre geschätzt. Auf dem Gelände gibt es eine Schule für die Kinder und Kindeskinder der Handwerker, die, genauso wie im Mittelalter, ihr Leben auf der Baustelle verbringen würden.
Bei Gaudís Tod 1926 waren lediglich die Krypta, die Apsis, der Kreuzgang mit der Rosenkranzkapelle und die Geburtsfassade fertig. Vier Türme standen kurz vor der Vollendung, doch der überraschende Unfalltod des Architekten und plötzlich auftretende Finanzierungsprobleme verzögerten die Arbeiten sehr. Während des

Die 25 Meter hohen Turmspitzen sind ein Fest an Formen und Farben (oben). Wie das Auge Gottes strahlt Licht ins Innere der Kirche (Mitte) oder fällt durch eines der stimmungsvollen Buntglasfenster (unten). Am Säulenwald (rechts) sowie an der Geburtsfassade (rechts oben) wird besonders deutlich, wie sehr sich Gaudí an den Formen der Natur orientierte.

Spanischen Bürgerkriegs (1936–1939) wurde die Kirche in Brand gesetzt und unzählige Zeichnungen und Modelle Gaudís gingen dabei leider verloren. Dies führte dann zum Baustopp. Erst in den 1950er-Jahren wurden die Arbeiten wieder aufgenommen, nachdem die Pläne und Modelle, so gut es ging, rekonstruiert worden waren. Der Gründer der Kirche, José María Bocabella y Verdaguer, und ihr Architekt, Antoni Gaudí, sind in der Krypta der Sagrada Família beigesetzt. Die UNESCO nahm die Krypta, die Fassade der Apsis und die Geburtsfassade in die Liste des Weltkulturerbes auf. Die Kirche wurde im November 2010 von Papst Benedikt XVI. geweiht und erhielt den Titel »Basilica minor«.

Schwindelerregende Höhen

Gaudí entwickelte eine Statik, die widerstandsfähig, aber leicht war, sodass die nötigen Höhen erreicht werden konnten. Das Hauptschiff der kreuzförmigen Basilika ist 45 Meter hoch, die vier Seitenschiffe haben eine Höhe von je 30 Metern. Die Vierung misst 60 Meter und das Gewölbe über der Apsis 75 Meter. Sämtliche Elemente wurden ohne einen einzigen Stützpfeiler erbaut. Die acht vollendeten Türme ragen bis zu 125 Meter empor, der Vierungsturm soll sogar imposante 170 Meter hoch und damit der höchste Kirchturm der Welt werden. Zwölf der geplanten 18 Türme symbolisieren die Apostel, vier die Evangelisten, einer steht für die Jungfrau Maria, und der höchste Turm soll Jesus geweiht sein. Die vollendeten Türme flankieren die Geburtsfassade und die Passionsfassade, die sich an den beiden Enden des Querhauses befinden.

Sagenhafte Symbolik

Die Geburtsfassade im Nordosten beschreibt sehr detailgenau die Geburt Christi, seine Kindheit und Jugend. Diese Fassade wird als das größte Vermächtnis Gaudís angesehen, denn er stellte den Symbolgehalt so eindeutig heraus, dass seine Nachfolger die Fassade lesen konnten wie eine Bauanleitung. Die Skulpturengruppen sind sehr dynamisch und mit großer Hingabe dargestellt. Die Passionsfassade im Westen steht dazu in scharfem Kontrast, denn sie stellt das Leiden und den Tod Christi dar. Die Arbeiten an dieser Fassade wurden erst nach dem Ableben Gaudís begonnen, aber getreu seinen Plänen ausgeführt.
Die rechteckigen und strengen Figuren gruppieren sich vor einem äußerst schlichten Hintergrund aus kahlem Mauerwerk. Verzierungen gibt es an dieser Fassade praktisch keine. Das Vordach überspannt das Portal wie ein Zelt und wird von sechs schrägen Säulen getragen. Die südliche Hauptfassade, die Fassade der Seligkeit, auch oft als Fassade der Herrlichkeit bezeichnet, wurde noch nicht begonnen. Sie wird einmal 21 Säulen und zwei Kapellen haben und über eine riesige Treppenanlage verfügen. Insgesamt sind 11 Eingänge zur Kirche geplant. Das gesamte Bauwerk besitzt eine eindeutig naturalistische Dekoration: man findet Tiere, Wolken und Eiszapfen aus Stein, die Säulen wirken organisch und die Figuren sind nach natürlichen Vorbildern geschaffen.

Gewaltiger Innenraum

Die Sagrada Família kann 14 000 Gläubige aufnehmen und ist für einen Kirchenchor von 1200 Sängern geplant. Sie

hat einen kreuzförmigen Grundriss mit fünf Schiffen. An den Chorraum schließt die Apsis mit sieben kleinen Seitenkapellen an. Sie sind der Freude und der Trauer gewidmet. Beidseitig sollen noch je zwei Sakristeien errichtet werden. Unter der Apsis liegt die Krypta, die eine Fläche von 120 Quadratmetern ausfüllt und mit sieben Kapellen ausgestattet ist. Gaudí ruht in der Christuskapelle.
Die Länge des Kirchenraums beträgt inklusive Apsis 90 Meter, bei einer Breite von 45 Metern. Das Hauptschiff ist 15 Meter breit und die vier Seitenschiffe je 7,50 Meter. Das Querhaus ist dreischiffig und hat eine gesamte Breite von 30 Metern, ebenfalls 15 Meter für das Hauptschiff und je 7,50 Meter pro Seitenschiff. Das gewaltige Dach der Basilika wird von Säulen getragen, die wie Baumstämme nach oben streben und sich in der Höhe verzweigen. Die Kuppeln, die in Form von Palmwedeln gestaltet sind, wirken von unten wie riesige Blüten. Durch dieses Blätterdach hindurch fällt Tageslicht in das Gebäude, sodass es wirkt wie ein Waldspaziergang.
Das gesamte Gebäude ist mit unzähligen Figuren und Formen ausgestattet, deren Strukturen der Natur nachempfunden sind. Doch Gaudí ließ sich auch zu Spielereien hinreißen. An der Außenseite der Apsis kriechen beispielsweise zwei riesige Steinschnecken die Wand hinunter – als Hinweis auf die Wendeltreppen im Inneren. Bei der Sagrada Família heißt es Augen auf und aufmerksam sein, denn jede Beschreibung kann bei diesem Bauwerk nur ein Anstoß sein. Entdecken muss man es selbst.

BULEVARD DELS ANTIQUARIS

In Barcelona gibt es eine Vielzahl von Antiquitätenläden und regelmäßig werden Antiquitätenmärkte abgehalten. Vor allem für Liebhaber des Jugendstils bzw. des Modernisme lohnt sich das Stöbern nach Schätzen aus vergangenen Zeiten. Wem es zu mühsam ist, sich von Laden zu Laden durch die Stadt zu kämpfen, findet am Passeig de Gràcia ein Zentrum für Antiquitäten, den »Bulevard dels Antiquaris«. Die Ladengalerie vereint 73 Geschäfte, die unterschiedlichste Kunstrichtungen und Antiquitäten anbieten. Hier finden Sie Möbel, Gemälde, Skulpturen, orientalische Kunst, zeitgenössische Kunst, Schmuck, Marmor, Glas und Puppen. Die Authentizität der Ware wird von sämtlichen Ladeninhabern garantiert, und das macht die Stücke natürlich nicht günstiger. Wer in Barcelona ein Schnäppchen machen möchte, sollte es auf den Märkten an den Wochenenden versuchen. Wer sich ein exquisites Stück anschaffen möchte, ist am Bulevard dels Antiquaris sicher in guten Händen.

WEITERE INFORMATIONEN

Sagrada Família: www.sagradafamília.cat
Bulevard dels Antiquaris:
www.bulevardelsantiquaris.com

Die farbigen Glasfenster, die nach Gaudís Angaben nach und nach eingesetzt werden, tauchen das Innere des Gotteshauses in ein fantastisches Licht.

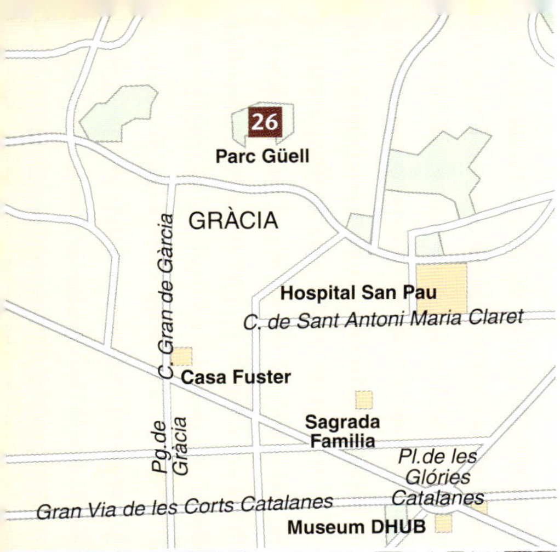

Überall sieht man Formen, die der Natur entlehnt sind (oben), fallen Dekorationen aus dem für Gaudí so typischen Scherbenmosaik (unten) ins Auge. Der Park mit seinen prächtigen Terrassen (rechts oben) und dem berühmten Salamander (rechts unten) gehören seit 1984 zum UNESCO-Weltkulturerbe.

26 Parc Güell

Ein Muss für jeden Besucher

In der Mitte seines Lebens hatte Gaudí seinen ganz eigenen Stil gefunden. Der Entwurf und die Umsetzung des Parc Güell fällt in die dritte Schaffensperiode Gaudís, von 1900 bis 1917. Die ersten Jahre des neuen Jahrhunderts gelten als die kreativsten und innovativsten im Schaffen des genialen Architekten und Designers. Die Möglichkeit, eine Parkanlage zu gestalten, war ihm sicher eine große Freude.

Der Park zählt zu den meistbesuchten Attraktionen in Barcelona. Er ist wie ein Märchenland gestaltet, alle Bauwerke fügen sich harmonisch in die Landschaft ein und wirken wie ein Teil von ihr. Das Gelände liegt auf einem Hügel im Stadtteil Gràcia, von wo aus man einen wunderbaren Blick über die gesamte katalonische Metropole genießen kann. Der Haupteingang des Parks liegt an der Carrer d'Olot. Mehrere Nebeneingänge gestatten das Betreten des Geländes aus verschiedenen Richtungen.

Die Idee

Parc Güell war ursprünglich als Gartenstadt geplant. Der Industrielle Eusebi Graf von Güell erwarb das hügelige Gelände 1885. Er wollte die 17 Hektar in 60 dreieckige Parzellen teilen und diese Baugrundstücke an eine gehobene Käuferschicht veräußern. 1890 beauftragte Güell seinen Lieblingsarchitekten Antoni Gaudí mit dem Plan für die Gartenstadt. Er war zuständig für die Gemeinschafts- und Parkanlagen, denn die Häuser selbst sollten von den Bauherren nach eigenen Vorstellungen entstehen. Doch bald wurde klar, dass es für eine solche Wohnanlage, trotz des Baubooms in Barcelona, kein Interesse gab. Nur drei Häuser, eines für Güell, eines, das Gaudí später kaufte, sowie eines für einen befreundeten Architekten, wurden gebaut. Gaudí erschuf bis 1914 einen wunderbaren Naturraum, der sich in das ursprüngliche Gelände einfügt.
Das Projekt Gartenstadt war für Güell schließlich ein finanzieller Verlust. Er veräußerte das Gelände an die Stadt, die es 1922 zum öffentlichen Park erklärte. 2011 wurde der Park nach einer sehr umfangreichen Restaurierung wiedereröffnet.

Das Konzept der Gartenstadt

Seit Mitte des 19. Jahrhunderts war in Deutschland die Gründung der Villenkolonien für betuchte Bürger sehr beliebt. In Hamburg, Berlin und Dresden war dieses Konzept des gehobenen Wohnens im Grünen bereits umgesetzt worden, als Güell es auch in Barcelona plante. In England, woher seine Idee stammen soll, ging es bei den Gartenstädten eher um günstigen Wohnraum für die Arbeiter-

Geschwungene Bänke mit *trencadís* (Scherbenmosaiken) dekoriert (oben und Mitte), schattige Säulengänge (unten) und fantasievoll gestaltete Treppen (rechts unten) machen einen Besuch des märchenhaften Park Güell zum einmaligen Erlebnis.

schaft, und die hatte Güell nachweislich nicht im Sinn. Es sollte eine luftige, grüne Siedlung entstehen, die die Vorteile der Großstadt bot, ohne deren Nachteile in Kauf nehmen zu müssen. Gestank, Lärm und Schmutz sollten nicht bis in den Park vordringen können. Für die Bewohner der Anlage sollten Treffpunkte und Gemeinschaftseinrichtungen angelegt werden, wo es alle Dinge des täglichen Lebens gab, sodass die grüne Oase gar nicht mehr verlassen werden musste. Für diese Einrichtungen war Antoni Gaudí zuständig.

Er plante den Haupteingang mit der schmiedeeisernen Pforte, die Wege und Straßen, die Freitreppe, den zentralen Platz und den Markt. Neben dem Park arbeitete Gaudí an der Sagrada Família, einem noch größeren Projekt, das viel Zeit verschlang. Er entschloss sich, vorgefertigte Module zu erstellen, mit deren Hilfe das riesige Bauvolumen der Gartenanlage bewältigt werden konnte. Der Architekt konzipierte Elemente aus Stahl in verschiedenen Formen, die für unterschiedliche Zwecke eingesetzt werden konnten. Die Einzelteile wurden mit einem Überzug aus Bruchkeramik versehen, was ihnen ein individuelles Aussehen verlieh und die Serienproduktion nicht verriet. Gaudí passte die Bebauung an das Gelände an und vermied Erdbewegungen, wo immer es möglich war. Er arbeitete mit Stützmauern und Terrassen in organischen Formen, sodass der Gesamteindruck eines gewachsenen, natürlichen Terrains entstand.

Kleiner Rundgang

Der Haupteingang wird von zwei Pavillons flankiert, deren weiße Dächer aussehen, als seien sie aus Zucker gegossen. Heute sind darin ein Andenkenshop und das Parkcafé untergebracht. Früher war es ein Lager und eine Garage für Kutschen. Am Haupteingang beginnt eine Mauer, die den Park umfrieden sollte, sie wurde aber nur partiell fertiggestellt. Schon beim Betreten des Geländes taucht man ein in eine andere Welt, friedlich und erholsam und dennoch kunterbunt und spannend. Direkt nach dem Eingang folgt die Freitreppe mit der berühmten Echsenfontäne, dem bekanntesten Element des Parks. Sie wird irrtümlich meist Drachenfontäne genannt. Die Treppe führt zur »Sala Hippostila«, der Säulenhalle.

Sie ist angelegt wie ein griechischer Tempel. 86 dorische Säulen tragen das Gewölbe, das innen mit Sonne und Mond verziert ist. Dort sollte der Markt abgehalten werden. Auf der Oberseite der Halle befindet sich der große Platz. Keine einzige Säule weist einen rechten Winkel zum Fußboden auf, und keine einzige Säule hat denselben Neigungswinkel wie eine andere. Sämtliche Elemente wirken gewachsen und ungezähmt. Und doch erfüllen sie ihren Zweck. Die Säulenhalle beispielsweise ist nicht nur schön und schattig, durch sie wird auch jeder Tropfen Regenwasser aufgefangen und in ein unterirdisches Reservoir geleitet. Auf dem Weg zur Zisterne wird das Wasser gefiltert und hat Trinkwasserqualität.

Der große Terrassenplatz, das Dach des Säulensaals, hat eine Fläche von 3000 Quadratmetern und ist das Herzstück des Parks. Hier sollten sich seine Bewohner treffen. Er ist umgeben von einer kunstvoll mit Mosaiken gestalteten Sitzmauer, die als Begrenzungsmauer,

Aussichtsplattform und Sitzmöbel dient. Heute halten sich hier Künstler und Musiker auf und regelmäßig finden Veranstaltungen statt. Von diesem Platz aus hat man den schönsten Blick über Barcelona.

Ein System aus Viadukten

Um den Höhenunterschied des Geländes zu bewältigen, entwarf Gaudí Viadukte, die durch schräge Stützen getragen werden. Um sie natürlicher erscheinen zu lassen, wurden sie mit Kalkstein verputzt. Der längste Viadukt, der »Viaducto de las Jardineras«, der Viadukt der Gärtnerinnen, verläuft quer durch den Park. Er ist im romanischen Stil gebaut. Der »Viaducto del Algarrobo«, Viadukt des Johannisbeerbrotbaums, verläuft von der großen Terrasse aus Richtung Eingang. Er ist in barockem Stil gehalten. Und seine Stützpfeiler haben eine Wellenform.

Gaudí ersann die Viadukte, um den Transport mit kleinen Karren zu ermöglichen, der über die Naturpfade nicht hätte bewerkstelligt werden können. Schließlich gibt es noch den »Viaducto del Museo«, der in Schlangenlinien um das Museum herumgebaut ist. Dieser Viadukt ist in gotischem Stil errichtet. Das Wegenetz war für Gaudí die größte Herausforderung, denn das fällt eigentlich nicht ins Aufgabengebiet eines Architekten, sondern gehört vielmehr zum Städtebau.

Das Haus des Architekten, das er ab 1906 selbst bewohnte, ist 1963 zum Gaudí-Museum erklärt worden. Gaudí lebte hier bis kurz vor seinem Tod. Zu besichtigen sind der Wohnraum, das Schlafzimmer, einige persönliche Gegenstände und Möbel, die Gaudí für andere Häuser entwarf.

PARC JOAN MIRÓ

Ein weiteres berühmtes Kind der Stadt ist der beliebte Maler Joan Miró i Ferrà (1893–1983). Miró arbeitete sich durch verschiedene Kunstrichtungen wie Kubismus, Dadaismus und Surrealismus. Seine Werke wurden einem breiten Publikum bekannt, weil sie auf T-Shirts, Tassen, Schuhe und Taschen gedruckt sind, die noch immer gern als Souvenir aus Spanien mitgebracht werden. Doch Miró war auch als Grafiker, Bildhauer und Keramiker tätig. Seine Keramikarbeiten sind beispielsweise am UNESCO-Gebäude in Paris zu sehen oder am Wilhelm-Hack-Museum in Ludwigshafen. Plastiken schmücken Plätze in Chicago und Barcelona. Hier, in seiner Geburtsstadt, entstand Anfang der 1980er-Jahre der Parc Joan Miró, mitten im Stadtteil Gràcia, zwischen Carrer d`Aragó und Carrer de Tarragona. Die berühmteste Plastik ist die 22 Meter hohe »Donna i Ocell«, die Dame mit Vogel, über die seit nunmehr 30 Jahren gern und viel diskutiert wird. Auf dem Parkgelände befindet sich auch die öffentliche Miró-Bibliothek.

WEITERE INFORMATIONEN

Parc Joan Miró: www.bcn.cat
Parc Güell: www.parkguell.es

Was Gaudí im Park begann, setzte er auch an den drei im Park liegenden Häusern unbeirrt fort. In seinem ehemaligen Wohnhaus befindet sich heute das Gaudí-Museum.

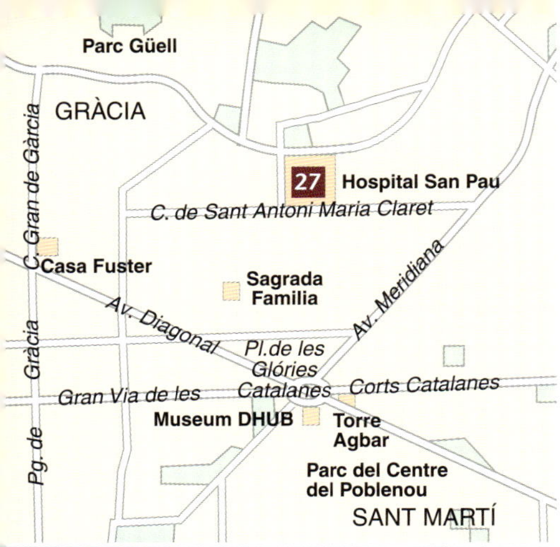

Auch das Hospital von Lluís Domènech i Montaner mit seinen freistehenden Pavillons, die unterirdisch miteinander verbunden waren (oben), ist wie alle Werke des Architekten überaus reich verziert (unten).

27 Hospital San Pau

UNESCO-Weltkulturerbe

Das Hospital ist der größte modernistische Profanbau in ganz Katalonien. Lluís Domènech i Montaner plante eine Parkanlage mit 27 Krankenpavillons, die unterirdisch miteinander verbunden sind. Die meisten Gebäude sind aus Backstein und mit Mosaiken und Keramik im Mudéjar-Stil verziert.

Das Hospital liegt am östlichen Rand des Stadtteils Eixample. Für den Komplex wurde ein Grundstück von zehn Hektar erworben, was neun Straßenblocks des Stadtviertels entspricht. Er liegt an der Carrer Sant Antoni Maria Claret. Jahrzehntelang wurde in Barcelona um ein neues Krankenhaus gekämpft, denn das alte war schon 500 Jahre lang pausenlos in Betrieb. 1902 war es endlich so weit. Durch das Testament des Bankiers Pau Gil i Serra (1816–1896), der die Hälfte seines Vermögens für das Projekt gab, konnte der Neubau des Hospitals de la Sant Creu i Sant Pau endlich in Angriff genommen werden. Den Auftrag erhielt der berühmte Architekt Lluís Domènech i Montaner (1850–1923). Er schuf eine Anlage, in der die Philosophie des Modernisme eine perfekte Symbiose aus Kunst, Natur, Humanität und Funktionalität darstellt.

Modern und doch der Tradition verbunden

Das Verwaltungsgebäude am nördlichen Ende des Geländes erinnert an eine Kirche. Damit weist der Architekt ganz bewusst auf die christliche Ausrichtung und Tradition des Hospitals hin. Dahinter liegt der zentrale Pavillon mit den drei Operationssälen. Über das Tunnelsystem konnten die Patienten nach der OP schnell auf ihre Zimmer gebracht werden. Die Anlage war auf dem höchsten medizinischen Stand seiner Zeit. Insgesamt gibt es 27 Pavillons, die weiträumig auf dem Gelände angelegt sind. Um die quadratischen Blöcke ein wenig aufzulockern, ließ Domènech die Ecken mit runden Türmen bestücken. Im Jahr 1911, als das Hauptgebäude und neun Pavillons bereits fertig waren, gingen die Mittel aus. Der Bau wurde unterbrochen und erst drei Jahre später weitergeführt. Nun unter der Leitung von Pere Domenèch i Roura (1881–1962), dem Sohn von Domènech i Montaner. Er erstellte, getreu den Plänen seines Vaters, vier weitere Pavillons in modernistischem Stil. Ende der 1920er-Jahre entwarf Pere Domenèch die letzten Gebäude, darunter die Casa de Convalescència, im sogenannten Monumentalstil. Das Hospital wurde 1930 eingeweiht, seit 1997 ist es UNESCO-Weltkulturerbe. Seit 2009 wird das Gebäude saniert.

INFO: www.santpau.es

28 Casa Fuster

Fünf-Sterne-Luxus

Zu seiner Zeit war das Gebäude das teuerste Wohnhaus in ganz Barcelona. Lluís Domènech i Montaner entwarf die Casa Fuster zusammen mit seinem Sohn Pere Domènech i Roura, der das Werk des Vaters vielerorts fortsetzte.

Das riesige Wohnhaus liegt am oberen Passeig de Gràcia, Hausnummer 132, und ist heute ein renommiertes Luxushotel. Damit steht das imposante Gebäude ganz in seiner eigenen Tradition, denn puren Luxus strahlte es schon immer aus.

Rosa und Weiß

Bauherr war der aus Mallorca stammende Adelige Mariano Fuster i Fuster, der das Haus für seine Ehefrau Consuelo Fabra i Puig bauen ließ. Lluís Domènech i Montaner, der auch den Palau de la Musica Catalana entwarf, erhielt den Auftrag im Jahr 1908. Das Gebäude wurde 1911 schließlich fertig, und es war Domènechs letztes privates Wohnhaus, das er selbst entwarf.

Das Gebäude ist gekennzeichnet durch den Mix aus Schlichtheit und dekorativer Eleganz, der seine Schönheit ausmacht. Es wurden nur die allerbesten Materialien verwendet, vor allem der Marmor für die Fassade, hochwertigstes Glas für die dreiteiligen Fenster und Schiefer als Vertäfelung für die Giebel. Besonders gelungen ist die Verbindung zwischen den rosafarbenen Säulen und zarten Blumendekorationen mit dem schneeweißen Marmor.

Sollte man den Stil des Gebäudes beschreiben, so käme wohl ein »neogotisch mit expressionistischem Flair« der Sache am nächsten. Lluís Domènech i Montaner drückte dieser Komposition seinen Stempel auf, ganz so, als hätte er gewusst, dass es sein letztes Wohnhaus sein würde.

Volle Pracht

Das Gebäude besitzt zwei ebene Fassaden, an einer Ecke befindet sich ein zylindrischer Turm mit einer Vielzahl an gläsernen Balkonen und verziert mit Plastiken, die Schwalbennester darstellen. Nach gerade einmal zehn Jahren musste Fuster das Anwesen verkaufen, denn es hatte sein Vermögen verschlungen. Das Dachgeschoss im französischen Stil und der elegante Eingangsbereich wurden lange Zeit als Wiener Caféhaus benutzt, wobei das Gebäude dafür wie geschaffen war. Die gesamte Anlage besteht aus einer wundervollen Kombination aus Kurven und Winkeln, Farben und Formen, Baustoffen und Skulpturen. Bis 2004 wurde sie aufwendig saniert und beherbergt seither ein luxuriöses Hotel.

INFO: www.hotelescenter.es/casafuster/

Die edle Casa Fuster war seinerzeit das Hochzeitsgeschenk eines liebenden Ehemannes (oben), heute steht hier ein Luxushotel mit spekakulärem Ausblick (unten).

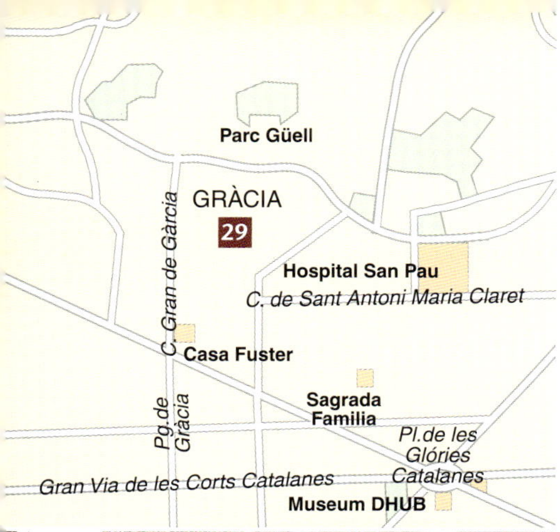

Auch wenn Gràcia heute ein Stadtteil Barcelonas ist und genauso wirkt, war das Viertel doch einmal eine unabhängige Stadt mit eigenem Charakter (oben und unten). Ruhige Fußgängerzonen (rechts oben) und schattige Plätze prägen hier die Stimmung (rechts unten).

29 Gràcia

Mehr Kleinstadt als Vorort

Schmale, verwinkelte Gassen, kleine Plätze und alte Häuser. Das ehemalige Arbeiterrevier Gràcia zählt heute zu den Szenevierteln der Stadt. Wegen der billigeren Mieten kamen zunächst Künstler und Studenten, dann Ausländer und Familien, die das Durchschnittsalter deutlich senkten. Inzwischen wurde Gràcia nun auch von der sogenannten »Szene« entdeckt.

Das ehemalige Dorf vor den Toren der Stadt wurde 1898 nach Barcelona eingemeindet. Es liegt hinter dem Stadtteil Eixample und wird durch den Passeig de Gràcia mit der Innenstadt verbunden. Lange Zeit lebte man in Gràcia recht ruhig und günstig, doch je beliebter Barcelona wurde, desto mehr Trubel gab es hier. Wie lange sich das Kleinstadtflair des Stadtteils noch hält, ist nicht abzusehen. Derzeit findet man aber noch ruhige Ecken und extravagante Bewohner.

Gemütliches Quartier

Es heißt, die Bewohner von Gràcia haben sich vehement gegen die Einbürgerung nach Barcelona gewehrt, aus Angst, vom Großstadt-Moloch geschluckt zu werden. Über die Jahrzehnte hinweg war es ihnen wichtig, ihr eigenes Selbstverständnis zu pflegen und sich abzugrenzen. Das ist ihnen und ihren Nachfahren bisher auch ganz gut gelungen. In Gràcia geht man auch heute nicht ins Zentrum hinüber, nein, man fährt »in die Stadt«, wenn man die Avinguda Diagonal überquert. Wer es nicht glaubt, kann den Selbstversuch wagen und einfach mal ein paar Straßenzüge weit hineingehen, in den kleinsten Stadtteil Barcelonas.
Der Unterschied ist sofort spürbar, denn direkt hinter dem großen Boulevard stehen noch heute die einfachen Mietshäuser der Fabrikarbeiter mit den kleinen, engen Wohnungen. Die Straßen sind hier Gassen und die Gebäude haben meist schon bessere Tage gesehen.
Im Mittelteil säumen Wohnhäuser aus der Zeit des Modernisme die Straßen. Obwohl viele von ihnen einen schäbigen Eindruck machen, ist die Wohngegend nicht schlecht. Heute lebt hier die Mittelschicht, darunter viele Familien mit Kindern, die die horrenden Mietpreise in den anderen Vierteln nicht mehr zahlen können. Auf den zahllosen kleinen Plätzen treffen sich die Großmütter und lassen ihre Enkelkinder umhertollen. Dichter, Denker und Lebenskünstler sammeln sich in der Bar um die Ecke – und zwischendrin befinden sich immer öfter Besucher, die die Atmosphäre in sich aufsaugen. In den Gassen findet man zahlreiche Bars, Cafés und einige sehr gute Restaurants, sodass der Stadtteil unter Gourmets inzwischen wohlbekannt ist.

Den höchsten Punkt des Viertels markiert der bekannte Park Güell. Als er entstand, gab es um ihn herum nur freies Land, sodass sich viele wohlhabende Bürger hier ihr Wochenenddomizil bauten: kleine Landhäuser und Villen in gepflegten Gärten, umgeben von mannshohen Mauern.

Genüsse, Farben und Gerüche

So wie in allen Stadtteilen Barcelonas gibt es auch in Gràcia eine Markthalle, den Mercat de la Llibertat. Er steht auf der Plaça de la Llibertat (Platz der Freiheit), der früher »Plaça de la Constitució« (Platz der Verfassung) hieß. An diesem Platz und vielen anderen Straßennamen lässt sich die Einstellung der Bevölkerung zum Thema Eingemeindung ganz deutlich ablesen.

Auf dem Marktplatz verkauften die Bauern aus der Region Gemüse und Geflügel, bis 1888 die Stadtverwaltung von Gràcia eine Markthalle in Auftrag gab. Der städtische Architekt Miquel Pascual i Tintorer (1849–1916) plante das Gebäude in rein modernistischem Stil als weitläufige Stahlträgerkonstruktion. Es hat eine Grundfläche von 2200 Quadratmetern und zählt seit seiner Eröffnung zu den beliebtesten Märkten der Stadt. Frisches Obst, Gemüse, Fisch, Fleisch und Wurst: Es gibt, was das Herz begehrt. Der Markt ist bekannt für seine Düfte und anregenden Farben. Von 2007 bis 2009 wurde das Gebäude aufwendig saniert. Der Markt ist an Werktagen und samstags geöffnet. Auf dem Platz findet man auch Stände mit Secondhandware und Kunsthandwerk.

PLAÇA DEL DIAMANT

Der Platz liegt an der Carrer de l'Or, in der Nähe der U-Bahnstation Fontana. Er wurde durch den Roman *La Plaça del Diamant* der katalanischen Schriftstellerin Mercè Rodoreda (1908–1983) weltbekannt. Das Buch schildert die Lebensgeschichte von Colometa, die im Spanischen Bürgerkrieg ihren Mann verliert und nun ihr Leben selbst in die Hand nehmen muss. Dieser Roman gilt als eines der besten Werke der katalanischen Belletristik.

Auf der Plaça del Diamant steht die Statue »La Colometa«, die die Protagonistin mit ihren Tauben darstellt. Der Name des Platzes geht zurück auf den sehr beliebten Ratsherrn Josep Rossell, einem Juwelier, dem der Platz früher gehörte. Zu seinen Ehren erhielt er den Namen Plaça del Diamant. Als wolle das Schicksal die Bedeutung des Ortes nochmals unterstreichen, fand man 1992 ein Refugio aus dem Spanischen Bürgerkrieg, das 200 Menschen Schutz vor den Bomben geboten hatte. Kein Wunder, dass der Platz den Menschen viel bedeutet.

WEITERE INFORMATIONEN

Mercat de la Llibertat:
www.mercatllibertat.com
Buchtipp: »Auf der Plaça del Diamant« von Mercè Rodoreda (Suhrkamp, 2007).

Wie überall in Barcelona ist auch am Springbrunnen Font Màgica (oben) kurz vor der Dämmerung Hochbetrieb. Viele steigen auf dem Montjuïc in den Aeri del Port (Mitte) ein, um nach Barceloneta zu kommen (unten) und die Abendstimmung am »Verletzten Stern« (rechts) zu genießen.

Sants-Montjuïc und Barceloneta

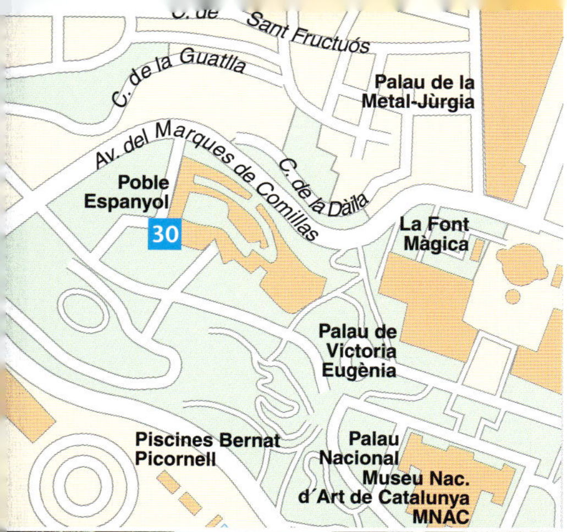

Ein Spaziergang durch das Poble Espanyol (oben) ist wie eine Reise durch ganz Spanien – in ein paar Minuten geht es von einer Kirche in den Pyrenäen (unten) zu den Stadttoren von Ávila (rechts). Besucher können hier traditionelles Handwerk erleben und viele Spezialitäten erwerben (rechts oben).

30 Poble Espanyol

Spanien im Kleinformat

Das Dorf ist ein Museum zur Architekturgeschichte Spaniens. Seit seiner Eröffnung zur Weltausstellung 1929 führt es die Besucher über die gesamte Iberische Halbinsel, zumindest in Bezug auf Haus- und Städtebau. Es vermittelt einen Eindruck der spanischen Volksarchitektur und gehört bereits seit 85 Jahren zu den beliebtesten Sehenswürdigkeiten Barcelonas.

Das Poble Espanyol liegt am Fuße des Montjuïc, auf dem Weltausstellungsgelände von 1929, neben dem gut sichtbaren Palau Nacional. Es umschließt eine Fläche von knapp 50 000 Quadratmetern und ist eine autofreie Zone. Das Poble Espanyol wurde erbaut als Ausdruck der Einheit Spaniens. Während der Militärdiktatur unter General Miguel Primo de Rivera (1870–1930) wurde gesteigerter Wert auf eine harmonische Außenwirkung gelegt.

Die Einheit Spaniens

Zur Weltausstellung wollte man den Besuchern aus aller Welt ein möglichst harmonisches Bild des Landes vermitteln. Gleichzeitig sollte die Einheit Spaniens und damit die Zugehörigkeit Kataloniens zum Rest des Landes und seiner Geschichte symbolisiert werden.

Hinter dem Museum steht die Idee eines idealen spanischen Dorfes. Dazu gingen zwei Architekten und zwei Künstler für fast zwei Jahre auf Reisen und durchquerten das gesamte Festland. Sie wählten charakteristische Details und die repräsentativsten architektonischen Merkmale aus jeder Epoche und jeder Region für das Poble Espanyol. Nach ihren Aufzeichnungen entstanden 117 Bauten, Straßen und Plätze, die sich aus allen Provinzen Spaniens zusammensetzen.

Der Besucher konnte hier die Baugeschichte des gesamten Landes durchstreifen, ohne sich aus Barcelona wegzubewegen. Nach der Ausstellung sollte das Poble Espanyol eigentlich wieder eingerissen werden, doch die Begeisterung und der Einsatz der Bürger Barcelonas verhinderten dies. Während der Franco-Diktatur und der damit verbundenen Unterdrückung der katalanischen Kultur zerfiel das Dorf immer mehr. Erst in den 1990er-Jahren wurde es restauriert und wieder in Betrieb genommen.

Spanien umrunden in zwei Stunden

Man betritt das Poble Espanyol durch das Tor der kastilischen Stadt Àvila, einem gigantischen Bauwerk von 17 Metern Höhe. Ebenso imposant ist die Kastilische Plaza Mayor, an der Haus an Haus aufgereiht stehen. Obwohl die Stilelemente aus ganz Spanien zusammengetragen sind, wirken die Gebäude oftmals verblüffend echt. Es gibt einen Patio aus Córdoba, die Calle Cuna aus dem andalusischen Arcos de la Frontera, den Palacio de los Golfines de Abajo-Cáceres aus der Extremadura, das romanische Kloster de San Miquel aus Katalonien, die Finca Caserío Casa Arteche-Erandio aus dem Baskenland und viele weitere Gebäude, Plätze und Straßen.

Es gibt 40 Handwerks- und Kunsthandwerksbetriebe mit angeschlossenen Läden: Töpfer, Lederkünstler, Schmuck- und Textildesigner, Schmiede, Weber und vor allem Glasbläser haben sich hier niedergelassen. Sie verrichten ihr Handwerk wie vor 100 Jahren und lassen sich gern von den Besuchern bei ihrer Arbeit beobachten. Selbstverständlich wird in den vielen Geschäften auch jede Art von Andenken und Krimskrams verkauft.

Bars, Cafés und Restaurants findet man gleichmäßig über das Gelände verteilt, und wer möchte, kann sich in das allabendliche Nachtleben des Poble Espanyol stürzen. Während sich tagsüber die Besucher tummeln, erobern sich nachts die überaus feierlaunigen Barceleños das spanische Dorf zurück.

Es gibt Diskotheken, eine Flamencobühne und jede Menge Events unter freiem Himmel. Sie werden vom Museum organisiert und finden zu bestimmten Terminen wie Karneval, Tag des Heiligen Sant Jordi im April oder aber dem Johannistag im Juni statt. Außerdem gibt es die Fundació Fran Daurel, eine Ausstellung mit moderner Kunst, die über mehr als 300 Exponate verfügt. Darunter Werke von Picasso, Dalí, Miró, Tàpies, Barceló und Saura. Eine Galerie mit temporären Ausstellungen ist ebenfalls im Dorf vorhanden.

MUSEUM FUNDACIÓ JOAN MIRÓ

Joan Miró (1893–1983) wurde in Barcelona geboren. Er hatte große Schwierigkeiten, sich als Künstler zu etablieren. Erst in den 1950er-Jahren kam endlich der Erfolg. Miró gewann 1958 den Guggenheim Award, eine hochdotierte Auszeichnung. Seit 1956 lebte er in Cala Major auf Mallorca und richtete sich dort zwei Ateliers ein. 1968, zu seinem 75. Geburtstag, wurde eine erste große Ausstellung in Barcelona gezeigt. Daraufhin initiierte Miró eine Stiftung, um in seiner Heimatstadt ein Museum mit seinen Werken zu schaffen. Die Stadt stellte das Gelände auf dem Montjuïc zur Verfügung. Das Gebäude schuf der Architekt Josep Lluís Sert i López (1902–1983). 1975 wurde das Museum unter dem Namen Fundació Joan Miró eröffnet. Die Ausstellung umfasste anfangs ausschließlich Werke, die Miró und seine Ehefrau zur Verfügung stellten. In den Jahren 1987 und 2001 wurde das Gebäude nach den Originalplänen des Architekten erweitert. 1983, mit 90 Jahren, starb der Künstler in Palma de Mallorca. Beigesetzt wurde er im Familiengrab auf dem Montjuïc in Barcelona.

WEITERE INFORMATIONEN

Poble Espanyol: www.poble-espanyol.com
Fundacio Mirò: www.fundaciomiro-bcn.org

Im Kongresspalast von 1929 sind heute bedeutende Sammlungen des Katalanischen Nationalmuseums zu sehen (oben). Der gesamte Bau samt seiner bemalten Kuppel (unten) wurde in nur einem Jahr fertiggestellt.

31 Nationalmuseum

Schlichtweg monumental

Der Nationalpalast ist das unumstrittene Wahrzeichen der Weltausstellung von 1929. Er sollte einen möglichst großen Wiedererkennungswert haben, ähnlich wie der Eiffelturm in Paris. Von der Idee bis zu seiner Umsetzung wurde über 20 Jahre lang debattiert.

Heute ist aus dem Nationalpalast das Museu Nacional d'Art de Catalunya geworden, MNAC, das über die bedeutendste Sammlung katalanischer Kunst aus allen Epochen wacht. Es steht unübersehbar am Montjuïc, gegenüber der Plaça d'Espanya. Für das MNAC wurden das Museu Nacional d'Art de Catalunya und das Museu d'Art Modern zusammengelegt. Die gesamte Ausstellung des Museums ist chronologisch geordnet und umfasst etwa 260 000 Kunstwerke aus ganz Spanien.

Gigantismus

Der erste Entwurf für das Gebäude stammt vom katalanischen Architekten Josep Puig y Cadafalch, einem der wichtigsten Vertreter des Modernisme. Sein Plan sah einfache symmetrische Formen in klassizistischem Stil vor. Nach der Machtübernahme durch die Militärs 1923 wurde ein Wettbewerb zur Überarbeitung des Entwurfs ausgeschrieben. Gewinner waren Enrique Catà i Catà und Eugenio Pedro Cendoya Oscoz (1894–1975), die sich mit ihrem Plan nicht wesentlich vom ursprünglichen abhoben, aber die Fassaden über und über mit Symbolen der Einheit Spaniens gestalteten. Der Nationalpalast erinnert mit seiner monumentalen Front und den Eckpavillons an den Escorial, das Schloss der spanischen Könige bei Madrid. Die riesige Kuppel in der Mitte ist ein Zitat vom Petersdom in Rom. Die Türme sind inspiriert durch die Giralda in Sevilla. Schon bei seiner Entstehung war der Palast unmodern. Er wurde in nur drei Jahren, von 1926 bis 1929, erbaut und fertiggestellt.

Das Gebäude ist mit Eisen und Beton konstruiert, sodass es – trotz zahlreicher Glasflächen – eine immense Höhe hat. Im Inneren war der Palast deutlich moderner als außen. In der Sala oval, einem riesigen Festsaal für 20 000 Personen, wurde die Weltausstellung von Primo de Rivera und König Alfons XIII. offiziell eröffnet. Heute noch finden hier Kongresse, Bälle und Bankette statt. Über dem Saal thront die größte Kuppel des ganzen Landes. In den 1990er-Jahren wurde das Bauwerk in großem Rahmen restauriert. Bereits seit 1929 gibt es Rolltreppen, die den gesamten Berg hinaufführen, sodass auch die zahlreichen Stufen bis zum Nationalpalast für niemanden eine Barriere darstellen.

INFO: www.museunacional.cat

32 Font Màgica

Wasser, Musik und Farbe

Nach Einbruch der Dunkelheit bietet sich an der Plaça d'Espanya eine Wassershow, die allabendlich Hunderte von Zuschauern anlockt. Der Brunnen von Montjuïc entfaltet seinen Zauber durch den Dreiklang von Wasser, Licht und Musik.

La Font Màgica de Montjuïc ist ein wunderbares Wasserspiel. Sein Becken hat eine Fläche von 50 mal 65 Metern und steht am südlichen Ende der Avinguda Maria Cristina, direkt vor dem Nationalpalast an der Plaça de Carles Buïgas. Dieser Platz erhielt seinen Namen durch den Architekten der Anlage, Carles Buïgas i Sans (1898–1979).

Zauberhaft durch Technik

Wie auch der Nationalpalast und die meisten Gebäude in seiner Umgebung, wurde die Font Màgica zur Eröffnung der Weltausstellung am 19. Mai 1929 eingeweiht. Weil der Architekt seinen Entwurf erst zwölf Monate vor der Expo eingereicht hatte, wurden mehr als 3000 Arbeiter mit seinem Bau beauftragt. Der technische Aufwand für das Wasserspiel ist enorm. Aus 3600 Düsen werden rund 2500 Liter Wasser pro Sekunde gespritzt. Dafür wird es mit fünf Pumpen durch die insgesamt 1500 Meter langen Rohrleitungen zu den Düsen gepumpt, die es zu Wassersäulen von bis zu 54 Metern Höhe emporschießen lassen. Für die Steuerung der Fontänen sind 134 Motoren im Einsatz. Die Choreografie der Wassersäulen muss mit dem ständig wechselnden achtfarbigen Licht und der Musik in Einklang gebracht werden, wozu eine Soundanlage mit sechs Kilometern Luftpfeifen installiert worden ist. Musik gibt es erst seit den 1980er-Jahren, anfangs bestand die Vorstellung aus tanzenden Wasserstrahlen, die verschiedenfarbig illuminiert wurden. Tagsüber ist die Darbietung eher unspektakulär, aber nach Einbruch der Dunkelheit kann man hier zauberhafte Stunden verbringen. Es ist ein Gesamtkunstwerk aus Musik, Wasser, Bewegung und Farbe. Während des Bürgerkrieges wurde die Font Màgica durch die Straßenkämpfe stark in Mitleidenschaft gezogen und konnte erst 1955 wieder in Betrieb genommen werden. Zu den Olympischen Spielen 1992 erhielt sie eine Rundumerneuerung und wurde aufwendig saniert. In den Sommermonaten und zu feierlichen Anlässen werden die Wasserspiele mehrmals am Abend wiederholt. Sie dauern jeweils etwa 15 Minuten. Das Musikprogramm deckt ein weites Spektrum ab. Es reicht von klassischer Musik bis hin zu Filmmusik und Weihnachtsliedern, sodass man durchaus mit »Schwanensee«, »Barcelona« und »White Chrismas« rechnen darf.

INFO: www.bcn.cat/fontmagica

Tausende von Menschen warten auf den Treppen des Nationalmuseums (oben) auf den Beginn der Wasserspiele an der Font Màgica (unten).

Es ist ein echtes Schauspiel, wenn sich das Wasser des magischen Brunnens zur begleitenden Musik in brodelnde Lava zu verwandeln scheint.

Der Aeri del Port wurde zur Weltausstellung erbaut (oben). Heute ist er ein beliebtes Transportmittel, um vom Montjuïc auf direktem Wege in die Barceloneta zu kommen (unten). Von den Gondeln aus hat man den schönsten Blick auf die Stadt (rechts).

33 Telefèric und Aeri del Port

Panoramen in der Seilbahn

Die beiden Seilbahnen von Barcelona haben eines gemeinsam: Sie bieten herrliche Aussichten! Am Hausberg Montjuïc befördert der Telefèric, eine kleine Kabinenbahn, die Besucher vom Parc de Montjuïc bis hinauf zum Kastell. Der Aeri del Port, die Hafenseilbahn, ist eine deutlich größere Anlage, deren Kabinen bis zu 20 Personen fassen. Sie führt von der Bergstation Miramar hinunter zum Hafen.

Ausflügler, denen der Anstieg zum Kastell auf dem Montjuïc etwas zu kraftraubend oder zu zeitaufwendig ist, können vom Verkehrsknotenpunkt Parc de Montjuïc aus den beliebten Telefèric benutzen. Auch mit Kinderwagen oder Rollstuhl ist das überhaupt kein Problem. Oben angekommen, gibt es ein Panorama zu bestaunen, das einzigartig ist in ganz Barcelona. Der Telefèric wurde im Jahr 2007, nachdem er sehr gründlich saniert worden war, wieder in Betrieb genommen.

Die Seilbahn Aeri del Port verbindet die Estació Castell, das Kastell auf dem Bergkamm, mit dem Hafen. Dabei passiert sie den 119 Meter hohen Torre Jaume, der etwa in der Mitte der Strecke steht und an der 86 Meter hohen Torre Sant Sebastià endet. Mit einem Aufzug gelangt man von dort aus zum Stadtteil La Barceloneta. Kurz vor der Endstation wird der Alte Hafen, Port Vell, passiert. Der Aeri del Port war als absolutes Highlight für die Weltausstellung von 1929 geplant, doch schon von Anfang an erlebte die Hafenseilbahn eine überaus wechselhafte Geschichte.

Die große Attraktion

Um den Aeri del Port zur Weltausstellung 1929 in Betrieb zu nehmen, wurde im Jahr 1926 die Air Rail San Sebastian-Miramar, S.A. gegründet. Die Seilbahn wurde von der deutschen Firma Adolf Bleichert & Co. aus Leipzig geplant und gebaut. Das Unternehmen war weltweit führender Seilbahnbauer und hielt alle Rekorde. Direkt vor dem Aeri del Port hatte die Firma die Zugspitzbahn in Österreich gebaut und damit ihren internationalen Ruf gefestigt. Beim Projekt am Montjuïc gab es jedoch massive Probleme, sodass die Seilbahn erst nach der Weltausstellung, am 12. September 1931, eröffnet werden konnte. Zunächst bestand ein Pendelbetrieb zwischen den Stationen Hafen und Torre Jaume sowie Montjuïc und Torre Jaume, sodass man auf halbem Weg umsteigen musste. Je zwei Kabinen fuhren auf jeder Strecke. An der Endstation Hafen, in der Torre Sant Sebastià, gab es ein Restaurant.

Durch die verzögerte Inbetriebnahme fehlten die Einnahmen der Weltausstellung, mit denen man fest gerechnet hatte. Im Jahr 1929 erschütterte die

Weltwirtschaftskrise den Globus und Millionen Menschen verarmten. Es kam zu Aufständen und 1930 zum Zusammenbruch der Militärdiktatur Primo de Riveras (1870–1930). Der König ging ins Exil, und es folgte der Spanische Bürgerkrieg. In dieser Zeit wurde die Seilbahn militärisch genutzt. Auf der Torre Jaume installierte man ein Maschinengewehr und hielt Wache. Bei einem Gefecht wurde der Turm beschossen und eine geparkte Kabine zerstört. Außerdem riss ein Seil und eine zweite Kabine stürzte ins Meer. Am Ende waren nur noch die Stahlgerippe der Türme übrig sowie zwei Kabinen in der Station Miramar. Die Anlage lag von nun an brach und vergammelte, ohne dass sie jemals richtig gelaufen wäre. Schließlich verfing sich 1957 ein Hubschrauber in einem Seil und stürzte ab. Nun sollte der Aeri del Port endgültig abgerissen werden.

Unerwartete Hilfe

Die Rettung kam aus Deutschland. Friedrich Gründel, der Chefingenieur von Adolf Bleichert & Co., der den Bau geleitet hatte, setzte sich für den Erhalt der Anlage ein. 1958 gründete er die Telefèrics de Barcelona, S.A. und begann mit dem Wiederaufbau. 1960 wurde zunächst der Turm Torre Sant Sebastià wieder mit einem Restaurant bestückt und eröffnet. 1962 folgte die modernisierte Torre Jaume als Mittelstation, sodass die Fahrt nun ohne Umsteigen möglich war. 1963 ging die Seilbahn mit zwei Kabinen wieder in Betrieb. Doch auch diesmal wollte sich kein finanzieller Erfolg einstellen. 1995 wurde der Betrieb erneut eingestellt. Nun übernahm die Stadt die Seilbahn und sanierte sie im Zuge der Hafenerneuerung. Im Jahr 2000 wurden neue Seile eingezogen und die Seilbahn wieder in Betrieb genommen.

TAPASBAR QUIMET & QUIMET

Ganz in der Nähe der Theater an der Avenida Paral·lel, in der Carrer del Poeta Cabanyes 25 finden Sie eine der beliebtesten Tapasbars der Stadt, das Quimet & Quimet. Hier finden sich Einheimische und Touristen ein, die den Geschmack echter katalanischer Tapas suchen. Eine bestimmte Richtung kann man nicht empfehlen, gut sind sie nämlich alle. Am besten probiert man sich einfach durch die Karte des von einem Geschwisterpaar geführten Lokals. Abgesehen von den Tapas ist die Bar vor allem wegen ihres Weinkellers berühmt. Weinliebhaber kehren hier gern ein. Die beiden dunkelroten deckenhohen Holztüren verbergen einen echten kleinen Gourmet-Tempel. Es gibt kaum Sitzplätze – aber wen kümmert's, es geht ja um Tapas … die besten der Stadt, wie einige meinen.

WEITERE INFORMATIONEN

Telefèric: www.telefericodebarcelona.com
Quimet & Quimet: C/Poeta Cabanyes 25, Tel. 9 34 42 31 42.

Hier tobt das Leben – tagsüber am Strand und nachts in den Bars (oben) und den vielen Restaurants (unten). In den Sommermonaten erfüllt das Nachtleben die ganze Barceloneta (rechts oben) bis an die Mauern des Port Olímpic (rechts unten).

34 La Barceloneta

Ausgehen am Strand

Der kleinste Stadtteil Barcelonas gehört zu den angesagtesten Adressen. Von dem ehemaligen Fischerviertel sind heute noch das Gitternetz der kleinen Gassen, die schöne Strandpromenade und die Markthalle übrig. Traditionell kann man in der Barceloneta sehr gut Fisch und Tapas essen. Beliebtester Treffpunkt ist die große, zentral gelegene Plaça de la Font.

Die Barceloneta liegt im Süden Barcelonas, zwischen Port Vell, dem Alten Hafen, und dem Strandabschnitt Platja de Barceloneta. Nördlich bildet der Zoo die Grenze des Viertels, in dem gut 15 000 Einwohner leben. Mit ihrer Spitze ragt die Halbinsel Barceloneta bis ins Meer hinein. Das Viertel entstand auf dem Reißbrett. Es fehlte Wohnraum und der musste möglichst schnell errichtet werden. Hintergrund der Aktion war die Einebnung von Teilen des Stadtteils La Ribera durch König Philipp V. (1683–1746) im Jahr 1714. Um sich an der Stadt zu rächen, ließ er die Bürger vertreiben, zerstörte ihren Wohnraum und errichtete an dessen Stelle eine Zitadelle. Heute befindet sich auf diesem Gebiet der Parc de la Ciutadella.

Aus der Not geboren

Die Bewohner des verlorenen Stadtteils waren hauptsächlich Fischer und Fabrikarbeiter, die in Baracken im Bereich der heutigen Barceloneta umgesiedelt wurden. Etwa 10 000 Menschen lebten nun unter unwürdigen Bedingungen am Strand. Erst 1753, unter Ferdinand VI. (1713–1759), ersetzte man die Übergangsbaracken durch kleine Häuser aus Stein. Die Pläne für den neuen Stadtteil hatte George Prosper Van Verboom (1665–1744) erstellt, ein flämischer Militäringenieur in Diensten des spanischen Königs.

Charakteristisch sind die langen, engen Straßen, die die Barceloneta von Nord nach Süd durchziehen. Das schachbrettartige Straßenbild mit seinen gleichartigen Einfamilienhäusern lässt auch heute noch erkennen, dass es sich nicht um ein gewachsenes Wohnviertel handelt. Sämtlichen Häusern liegt ein identischer Bauplan zugrunde: Zwei gegenüberliegende Eingänge sorgten für eine gute Lüftung. Ursprünglich besaßen die Gebäude nur Erdgeschoss und ein Stockwerk. Doch bald schon begannen die Bewohner, weiteren Wohnraum zu schaffen, indem sie die Häuser aufstockten. Insgesamt ist die Barceloneta ein anschauliches Beispiel für die Stadtarchitektur der Aufklärung.

Im 19. Jahrhundert, durch den Niedergang der Fischerei, verarmten die Bewohner, und die Barceloneta verfiel immer mehr, bis in unsere Tage hinein. 1991, in Vorbereitung auf die Olympi-

MAPFRE
Catalunya

So lässt es sich aushalten: An der Promenade entlangschlendern (oben und unten), einen Happen essen (Mitte), die aktuelle Mode studieren (oben rechts), die Surfer beobachten (unten rechts) und sich dann bei einem kühlen Drink an einer der vielen Strandbars ein wenig erholen.

schen Spiele, wurde auch dieser Stadtteil saniert und bekam ein neues Gesicht. Die alte Struktur des Viertels verschwand und die Spekulanten entdeckten das Gebiet. Häuser und Straßen wurden renoviert und die kleinen Strandbars, die Chiringuitos, für die das Viertel berühmt war, mussten verschwinden, um Platz für die neue Strandpromenade zu machen. Heute sind die Gebäude meist deutlich höher als die ursprünglichen Siedlungshäuser, die Wohnungen dagegen nur noch höchstens halb so groß.
Obwohl die Barceloneta deutlich einfachere Wohnungen bietet als andere Stadtteile, hat das Viertel einen immensen Aufschwung erlebt. Im Zuge der Olympischen Spiele wurde es touristisch erschlossen, was sich auch auf die Mietpreise auswirkte. Trotzdem ist die Umstrukturierung gelungen. Das Viertel wirkt heller, die Kriminalität konnte bekämpft werden, und der künstlich angelegte Sandstrand hinter der palmengesäumten Promenade ist ein echtes Highlight. Außerdem gibt es sehr gute Restaurants im Viertel.

Die Markthalle als Dreh- und Angelpunkt

Markt wurde bis zum Ende des 19. Jahrhunderts auf der Plaça de San Miquel im Freien abgehalten. Hier gab es ausschließlich fangfrischen Fisch und Meeresfrüchte. Die Markthalle Mercat de la Barceloneta wurde 1873 durch den Architekten und Städteplaner Antoni Rovira i Trias als Stahlkonstruktion an der Plaça de la Font errichtet. Rovira i Trias zählt zu den wichtigsten Wegbereitern des Modernisme in Barcelona. Von ihm ist auch die Markthalle Mercat del Born, ebenfalls 1873 geplant, die von Josep Fontserè ausgeführt wurde, sowie der berühmte Font de les Tres Gràcies, der Brunnen der drei Grazien, von 1876, auf der Plaça Reial und viele wichtige Bauten mehr. Antoni Rovira i Trias bekam ein Denkmal. Er (seine Statue) sitzt auf einer Bank auf der Plaça de Rovira i Trias, im Stadtteil Gràcia.
Die Markthalle wurde zwischen 2005 und 2007 vom Architekten Josep Miàs Gifre (geb. 1966) im postmodernen Stil restauriert. Der neue Mercat de Barceloneta ist mit Solarkollektoren ausgestattet, die 40 Prozent seines Strombedarfs liefern. Auf einer Fläche von 2670 Quadratmetern findet man Fisch-, Fleisch-, Obst- und Gemüsestände sowie je einen Stand für Stockfisch, Tiefkühlware, Konserven und eine Bäckerei. Damit ist der Mercat de Barceloneta ein eher kleiner Markt, doch er ist authentisch und verfügt über zwei sehr gute Restaurants, die für die Qualität und Frische ihrer Gerichte bekannt sind. Besonders für Fisch und Meeresfrüchte.
Die Barceloneta ist beliebt wegen ihres mediterranen Flairs, dem man vor allem rund um die Markthalle begegnet. Hier leben die Menschen noch mit ihrem Viertel. Das Treiben ist bunt, man trifft sich in geselliger Runde, und niemand stört sich an den Wäscheleinen, die über die Straßen gespannt sind. Es ist lebendig – und so wie hier wird es wohl früher in der gesamten Barceloneta zugegangen sein.

Strandleben

Insgesamt verfügt Barcelona über einen etwa vier Kilometer langen Sandstrand. Er beginnt direkt beim Zentrum und ist dementsprechend gut besucht. Das milde Klima kann durchaus auch in den Wintermonaten zum Sonnenbad verführen. Es gibt acht Strandabschnitte, von denen der südlichste die Platja de Sant Sebastià ist. Ihm folgt der 1100 Meter lange Strand der Barceloneta, Platja de la Barceloneta. Er reicht bis zum Olympischen Hafen. Die Nähe zur Stadt macht den Strand zum beliebten Treffpunkt, sodass ein reges Kommen und Gehen herrscht. Leider hat das zur Folge, dass er nicht besonders sauber ist, obwohl alle Strände in Barcelona Tag für Tag gereinigt werden. Immerhin gibt es am Passeig Marítim Barceloneta, der bis zum Peix Daurat, der bekannten Fischskulptur von Frank Gehry (geb. 1929), führt, einige sehr gute Fischrestaurants und gemütliche Tapasbars.

Und es gibt auch einen Fahrradverleih. Das Gebiet an den Stränden eignet sich vorzüglich, um mit dem Rad entdeckt zu werden. Man kommt mit dem Drahtesel gut und günstig zu den hinteren Stränden, die weitaus weniger Publikumsverkehr aufweisen. Im hinteren Bereich der Küste baden fast ausschließlich die Einheimischen. Abstellen kann man die Fahrräder hier auch problemlos, die Infrastruktur ist gegeben. Überall gibt es Fahrradparkplätze und Schließfächer. Sämtliche Strände der Stadt verfügen über Restaurants, Strandbars, Sportangebote, Läden, Duschen, Toiletten und Umkleidekabinen sowie teilweise auch über Rampen für Rollstuhlfahrer. Und natürlich werden die Badegäste der Strände auch von Rettungsschwimmern im Auge behalten.

HOTEL ARTS – GANZ BESONDERS LUXURIÖS

Ein Saunagang direkt über dem Mittelmeer, gemütliches Sonnenbaden am Pool, im Schatten des weltberühmten Fisch von Gehry oder einfach nur in Luxus schwelgen, all dies ist möglich im beliebten Fünf-Sterne-Luxushotel »Arts« in Barcelona. Im Zuge der Hafen-Neugestaltung zu den Olympischen Spielen 1992 wurde dieses 44 Stockwerke hohe Hotel mit 483 Zimmern direkt in erster Strandlinie erbaut. Architekt war der Kolumbianer Bruce John Graham (1925–2010), der es jedoch erst 1994 fertigstellen konnte. Das Gebäude ist 154 Meter hoch und gehört zur Ritz-Carlton-Gruppe. Im Jahr 2006 wurden sämtliche Räume und Bäder saniert und neu gestaltet sowie eine moderne Technik installiert. Nun können Sie hier eine Suite für 12 000 Euro pro Nacht beziehen, wenn Sie dies möchten. Doch es geht auch deutlich günstiger. Mit Glück bekommt man ein Doppelzimmer für unter 250 Euro. Wegen der Aussicht muss man sich keine Sorgen machen, die Zimmer bieten in jede Richtung wunderbare Panoramen.

WEITERE INFORMATIONEN

Barceloneta Bikes: Carrer de l'Atlàntida, 49, Tel. 9 81 77 11 19.
Hotel Arts: www.hotelartsbarcelona.com

Beim Hotel Arts steht der Peix daurat, eine diaphane Skulptur von Frank Gehry (oben), in deren Schatten sich die Restaurants des Port Olímpic befinden (unten).

35 Port Olímpic

Feiern wie die Weltmeister

Im Olympischen Hafen gibt es eine große Anzahl an Diskotheken, Bars und Restaurants. Er ist ein beliebter Treffpunkt für Nachtschwärmer und eine hervorragende Adresse für Wassersportler. Nach den Olympischen Spielen wurde der Hafen zum Jachthafen umgewandelt.

Port Olímpic liegt gleich bei der Vila Olímpica, dem Olympischen Dorf, im Distrikt Sant Martí. Das 25 Hektar umfassende Gebiet wurde dem Meer abgewonnen und befindet sich noch immer in einer Gestaltungsphase.

Gelungenes Nutzungskonzept

Für die Olympischen Spiele 1992 wurden alte Fabrikgebäude und Lagerhallen abgerissen, um Platz zu schaffen für die Hafenanlage mit dem Strandabschnitt und das Olympische Dorf, das heute ein Wohngebiet ist. Schon von Weitem sieht man den Mapfre-Tower, ein preisgekröntes Bürohaus, das zu den höchsten Gebäuden Spaniens zählt.

Tagsüber wird hier jede Art von Wassersport zelebriert und das Strandleben ausgekostet. Nachts finden sich Tausende von Nachtschwärmern ein, die sich auf eine »Copa« treffen, sich zum Abendessen verabreden oder einfach noch ein wenig über die hübschen Hafenanlagen flanieren, bevor sie sich auf die Klubs verteilen. Am Abend geht man zunächst einmal gut essen und zieht danach um die Häuser. »Ir de copas«, auf ein paar Gläschen gehen, heißt es in Spanien, wenn man von Bar zu Bar zieht und auf ein oder zwei Getränke bleibt. In Barcelona besucht man eine Disco nicht vor zwei Uhr morgens, dafür aber bis weit in den Vormittag hinein. Am liebsten geht man von Dienstag bis Samstag aus, Werktag hin oder her.

Viele Diskotheken bieten bis vier Uhr freien Eintritt, sodass man sich seinen Lieblingsclub aussuchen kann. Im Port Olímpic gibt es elf Diskotheken. Praktisch vor jedem angesagten Klub ist ein Türsteher postiert, der die Gäste abscannt. Rein kommt nur, wer angemessen gekleidet ist, sofern die Disco nicht zu voll ist. Es ist also sinnvoll, sich per E-Mail anzumelden oder sich via Facebook auf die Gästeliste einzutragen.

Hinter dem Hafen liegt das ehemalige Olympische Dorf, in dem nach den Spielen rund 2000 Wohnungen zur Verfügung standen. Es wurde darauf geachtet, dass ein gewisser Teil an Familien mit Kindern und an Behinderte gegeben wurde. Aus dem künstlich angelegten Dorf ist inzwischen ein kleiner Stadtteil gewachsen, in dem 5000 Menschen leben. Er ist auch wegen seiner hervorragende Lage, direkt am Strand, zu einer sehr guten Adresse geworden.

INFO: www.portolimpic.es

36 Passeig de Colom

Dem Meer eng verbunden

Als 1878 die Stadtmauer abgerissen wurde, legte man den Passeig de Colom an. Es war Barcelonas erster Versuch, die Stadt durch eine Prachtstraße mit dem Meer zu verbinden. Von der Plaça de Palau bis zur Kolumbussäule misst er etwa 1000 Meter.

Man sieht die rund 60 Meter hohe Säule von überall. Ganz oben steht die Statue von Christoph Kolumbus, dem Entdecker Amerikas. Dieser ist zwar von Andalusien aus aufgebrochen, doch nach seiner Rückkehr im Jahr 1493 wurde er von König Ferdinand I. in Barcelona empfangen. Zur Weltausstellung 1888 errichtete man das Denkmal sowohl Kolumbus zu Ehren als auch als Zeichen der Verbundenheit der Stadt und seinen Bewohnern mit dem Meer. Zum Mirador, der Aussichtsplattform, gelangt man bequem per Aufzug. Das bedeutet oft lange Wartezeiten, aber die Aussicht entschädigt.

Museum und Skulptur

Gleich gegenüber der Kolumbussäule liegen die Drassanes Reials mit dem Schifffahrtsmuseum. Die Drassanes Reials sind königliche Werften aus dem Mittelalter, die größten und besterhaltenen der Welt. Bereits im Jahr 1280 wurde mit dem Bau der Anlage begonnen und ganze 500 Jahre lang war sie in Betrieb. Die ersten acht Hallen wurden unmittelbar am Wasser erstellt, danach kamen noch acht weitere Richtung Stadt hinzu, und im 17. Jahrhundert wurden schließlich drei weitere Hallen auf der östlichen Seite, in Richtung Rambla, errichtet. Bereits seit dem Jahr 1929 gibt es das Schifffahrtsmuseum. Seit 1941 befindet es sich in den Drassanes Reials und gehört zu den beliebtesten Museen Barcelonas. Auf mehr als 10 000 Quadratmetern zeigt es alle Aspekte des Lebens auf See und dokumentiert die enge Verknüpfung zwischen der katalanischen Hauptstadt und dem Meer. Zur ständigen Ausstellung gehört auch der Dreimaster »Santa Eulàlia«, der 1919 vom Stapel lief. Ein typisches Handelsschiff aus der damaligen Zeit. Es liegt im Port Vell, ungefähr 500 Meter vom Museum entfernt.

Am oberen Ende des Passeig de Colom steht die Skulptur »La Cara de Barcelona« des amerikanischen Künstlers Roy Lichtenstein (1923–1997). Lichtenstein entwarf die 15 Meter hohe Pop-Art-Skulptur, umgesetzt wurde sie von Diego Delgado Rajado (geb. 1944).

Die aufwendige Technik des Trencadís, bei der die Scherben einer Kachel zu einem Mosaik zusammengesetzt werden, wurde bewusst als Reminiszenz an den katalanischen Modernisme verwendet.

INFO: www.mmb.cat (Museum Maritim).

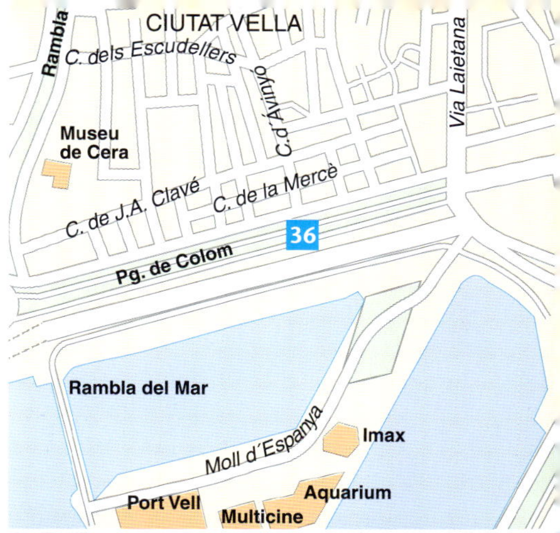

In ganz Barcelona lockern Skulpturen das Straßenbild auf, so die »Ones« an der Plaça de les Drassanes von Andreu Alfaro (oben) oder das »Barcelona Face« von Roy Lichtenstein am anderen Ende des Port Vell (unten).

Im Viertel 22@ wird viel mit moderner Architektur gespielt (oben), aber auch der Genuss und die Lebensfreude kommen hier nicht zu kurz (Mitte). Sogar im altehrwürdigen Kloster Montserrat hat die Moderne Einzug gehalten (unten). In der Abenddämmerung ist der Blick auf die Stadt ein ganz besonderer (rechts).

Das neue Viertel 22@ und die Umgebung Barcelonas

Wie ein Edelstein leuchtet die Torre Agbar (oben), das Tor zum Viertel 22@, das sich durch besonders viele Bauten mit gewagtem Design auszeichnet (unten). Besonders anschaulich wird das in der Gegend um das Fòrum mit Museu Blau und dem Haus der Telefónica (rechts).

37 Torre Agbar und »Kollegen«

Neue Wahrzeichen

Bis Ende des 19. Jahrhunderts war das Poblenou Industrieviertel und Motor der Stadt und hatte die höchste Industriedichte ganz Spaniens. Es bekam den Beinamen das »Katalanische Manchester«. Ab Ende der 1960er-Jahre verkam das Viertel zusehends, doch mit der Olympiade begann der Wiederaufbau. Seit 2000 ist das Hightechviertel Barcelonas Spielwiese namhafter Architekten.

In Sant Martí, einer unabhängigen Stadt, gab es schon im 18. Jahrhundert mehrere große Textilfabriken, und im 19. Jahrhundert zog es viele Industriebetriebe hierher. Grund dafür waren geringe Preise und die Möglichkeiten, die die verfügbare Fläche, natürliche Ressourcen wie Wasser und die vorteilhafte Lage am Meer boten.

Als 1848 die erste Eisenbahn San Martí erreichte, gab es kein Halten und das Industriegebiet wuchs ohne Schranken. Im Zeitraum von 1855 bis 1888 stieg die Zahl der hier angesiedelten Fabriken von 57 auf 243. Die Stadt erhielt in den folgenden Jahren aufgrund der raschen Industrialisierung und der Arbeiterbewegung den Beinamen »Katalanisches Manchester«. Hauptgewerbe war die Textilindustrie, schnell hinzu kamen die Verarbeitung von Lebensmitteln und Wein sowie die Metallverarbeitung und das Baugewerbe. 1897 wurde die Ortschaft zusammen mit anderen Gemeinden nach Barcelona eingemeindet.

Mitte der 1960er-Jahre begann der Niedergang, Industriebetriebe verlegten ihre Produktion in die Zona Franca in der Nähe des Hafens, und die alten Fabrikgebäude wurden dem Verfall überlassen. Das Poblenou verlor in 27 Jahren mehr als 1300 Industriebetriebe. In gleichem Maße wie die Industrie verschwand, verkam auch die urbane Struktur.

Mit der Olympiade in Barcelona 1992 wurden dann große Teile der ehemaligen Industriegebäude in das Olympische Dorf, die Vila Olímpica, umgewandelt. Dazu wurden Sportparks und circa 2000 Appartements für die teilnehmenden Teams angelegt. Mit dem Projekt »22@ Barcelona«, das im Jahr 2000 ins Leben gerufen wurde, sollte das alte Viertel vor weiterer Zerstörung bewahrt werden. Die letzte Transformation des Stadtteils begann 2001, und mehr als 4500 Firmen siedelten sich hier im Lauf der Zeit an. Die alten Industriestätten wurden wieder mit Leben erfüllt, die urbane Infrastruktur wiederhergestellt und neuer, bezahlbarer Wohnraum wurde geschaffen. Wo es ging, wurden die alten Anlagen mit Blick auf Nachhaltigkeit und Umweltverträglichkeit wieder nutzbar gemacht. Neue, zukunftsträchtige Industrien wie die Kommunikationstechnik,

Die Architekten spielen mit gewagten Formen (oben), mit Licht und Kontrasten (Mitte) und mit großen (Frei-)Räumen (unten). »Els Encants« wurde komplett mit Spiegeln überdacht (unten rechts), und auch am Gebäude des Fòrum scheinen Reflexionen die Architektur aufzulösen (oben rechts).

der IT-Bereich und Medien wurden hier angesiedelt. Und beim Wohnraum achtete man darauf, dass er den gehobenen Ansprüchen der heutigen Zeit in jedem Sinne gerecht wurde.

Das moderne Barcelona

Für die Architekten bedeutete das die Herausforderung, dem neuen Viertel das Gesicht des »modernen Barcelona« zu geben – mit wenigen Restriktionen und viel Raum. Namhafte Architekten wie Cloud 9, Jean Nouvel oder Zaha Hadid waren maßgeblich beteiligt.
Das Fòrum Universal de las Culturas 2002, das Internationale Forum der Kulturen, brachte die Neuordnung der gesamten Infrastruktur des Bereiches mit sich. Dabei mussten Wirtschaft, Ökologie und Kultur unter einen Hut gebracht werden, und es entstand das größte Kongresszentrum Südeuropas, das Edifici Fòrum. In dem von den Schweizern Herzog & de Meuron konstruierten prismenförmigen Gebäude ist heute das Museu Blau untergebracht.

Ein Stadtviertel erhebt sich aus der Asche

Die Torre AGBAR von Jean Nouvel (geb. 1945) steht an der Grenze zwischen Eixample und Poblenou an der Plaça Glories. Der 142 Meter hohe Bau entwickelte sich schnell zu einem der neuen Wahrzeichen Barcelonas. Jean Nouvel wollte mit der Form Gaudí ehren, der eine ähnliche Konstruktion für ein Hotel in New York entworfen hatte, die allerdings nie realisiert wurde. Der Turm ist ein Bürokomplex mit 32 Stockwerken und insgesamt 39 000 Quadratmetern Nutzfläche. In der Dämmerung und den frühen Nachtstunden entwickelt die Torre AGBAR mit ihren 4500 Paneelen, die in unterschiedlichen Farben beleuchtet werden, ein ganz besonderes »Eigenleben«.
Bauherr waren die städtischen Wasserwerke AGuas de BARcelona – daher der Name. Die Konstruktion des Turmes besteht aus zwei zylinderförmigen Elementen, einem inneren für die Aufzüge und die Installationen sowie einer äußeren Hülle aus Glas und Aluminium. Der Turm wurde 2005 in Gegenwart des Königspaares eingeweiht.
Zusammen mit dem gleich in der Nachbarschaft im Jahr 2013 fertiggestellten Gebäude DHUB bildet dieses Ensemble das Tor zum Poblenou.
Das Disseny Hub Barcelona, so der richtige Name, vereint die Sammlungen von vier Museen, die bisher über die ganze Stadt verteilt waren, in einem Gebäude.
Ganz in der Nähe steht das L'Auditori de Barcelona, die moderne Konzerthalle der Stadt. Das L'Auditori stammt von dem renommierten spanischen Architekten Rafael Moneo (geb. 1937). Mit drei Konzertsälen mit 2200, 600 und 400 Sitzplätzen wirkt es von außen recht schroff und kantig, jedoch verbirgt sich in seinem Inneren einer der schönsten Konzertsäle Europas.
Nicht weit davon entfernt befindet sich das Teatre Nacional de Catalunya, TNC. Erbaut wurde es vom katalanischen Architekten Ricardo Bofill (geb. 1939) im Jahr 1996. Es erinnert mit seinen 26 Säulen, jede zwölf Meter hoch, seinen weißen Treppen und seiner Lage inmitten eines Gartens an einen griechischen Tempel. Das Vestibül hinter den Säulen ist ein großer verglaster klimatisierter

Raum mit Garten. Das TNC besitzt drei Säle mit 900, 400 und 300 Sitzplätzen.

Nachhaltigkeit ist Trumpf

Das Hightechgebäude Media-TIC des interdisziplinären Architekturteams Cloud 9, das 2010 fertiggestellt wurde, ist ein weiteres Beispiel für nachhaltige Architektur. Dabei handelt es sich um ein neungeschossiges Kommunikations- und Technologiezentrum, dessen Fassade von aufblasbaren Modulen bedeckt ist. Sie bieten nicht nur einen interessanten Blick auf die Struktur des Gebäudes, sondern sie dienen auch der Regelung des Lichteinfalls und der Temperatur. Auf diese Weise kann der jährliche Ausstoß von CO_2 um rund 114 Tonnen verringert werden. Bemerkenswert ist auch das benachbarte Gebäude der Blut- und Gewebebank. Auch seine Struktur ermöglicht Energieeinsparungen von bis zu 87 Prozent gegenüber konventionell geplanten Gebäuden.

Mit der Eröffnung des neuen Bahnhofs von Barcelona für den Fernverkehr, der Estación de Barcelona-La Sagrera, wurde ein neuer Knoten- und Verbindungspunkt für Metro, Nahverkehr, Regionalzüge und Hochgeschwindigkeitszüge verwirklicht. Das gesamte Viertel ist in jedem Fall einen Besuch und einen ausgedehnten Spaziergang wert. Neben den teilweise recht spektakulären Neubauten, seien sie für kommerzielle Nutzung oder als Wohnraum gedacht, wurde auch alte Bausubstanz erhalten. Beides zusammen bildet einen ungeheuer spannenden Kontrast, der in Barcelona bereits zeitweise Anlass zu heftigen Diskussionen gab, wobei das Projekt schon jetzt – obwohl es noch gar nicht abgeschlossen ist – als gelungen angesehen werden darf.

EL POBLENOU: NEU UND INTERESSANT

In den ehemaligen Industriebauten des Poblenou bieten diverse Galerien und Studios von meist jungen Lokalkünstlern wechselnde Ausstellungen zeitgenössischer Kunst, und mit der wachsenden Infrastruktur öffnen ständig neue Restaurants und Bars, die nach einem ausgedehnten Spaziergang zum Entspannen einladen. Das Poblenou besitzt wie alle Viertel Barcelonas seine eigene Rambla. Sie ist größtenteils verkehrsberuhigt, zieht sich von der Gran Via bis direkt ans Mittelmeer und lockt mit ihren Shops und Lokalen besonders an den Wochenenden zahlreiche Besucher an. Bekannt ist das Restaurant Els Tres Porquets an der Rambla. Im ESHOB am Passeig Taulat, 243, der Hotelfachschule für angehende Köche und Ober, gibt es ein »Übungsrestaurant«, in dem man sehr gut und recht günstig essen kann. In der Nacht mischen bekannte DJs in der Sala RAZZMATAZZ in der C/ Pamplona, 88, ihre Musik und sorgen für Feierlaune.

WEITERE INFORMATIONEN

Viertel @22: www.22barcelona.com
Torre Agbar: www.torreagbar.com
Teatre Nacional de Catalunya: www.tnc.cat
Poblenou: www.bcn.cat

Das neue Designmuseum DHUB und die Torre Agbar bilden ein würdiges Tor zum Poblenou – dem neuen Viertel von Barcelona.

Das bizarre Gebäude des DHUB ragt in die Stadtlandschaft (oben) und präsentiert in verschiedenen Ausstellungen unter anderem neue Materialien (unten), Textilien (rechts), Lampen (rechts oben) und vieles andere.

38 Museum DHUB

Design und angewandte Kunst

Barcelonas Architektur fasziniert immer. Jede Epoche war hier richtungsweisend. Sei es die Gotik im Viertel El Born, sei es der Modernisme im Eixample. Auch heute zieht Barcelonas innovative Architektur Besucher in ihren Bann. Künstler und Stararchitekten verwandeln den Distrikt 22@ des Poblenou in einen Designspielplatz mit faszinierenden Gebäuden.

Eines dieser Gebäude ist das Disseny Hub Barcelona (DHUB), das neue Designmuseum der Stadt. In diesem Gebäude, einem Werk der Architektengruppe MBM Arquitectes, sollen in Zukunft alle Institutionen Barcelonas zusammengeführt werden, die sich mit Design und angewandter Kunst im weiteren Sinne beschäftigen.
Hier werden das Museu de les Arts Decoratives, ein Museum für Industriedesign, das Museu de Ceràmica mit Schwerpunkt auf spanische Keramik von der Zeit der Almohaden bis heute, das Museu Tèxtil i d'Indumentària mit westlicher und spanischer Textilkunst und Mode vom 16. Jahrhundert bis heute, sowie das Gabinet de les Arts Gràfiques, das im weitesten Sinne Grafikdesign ausstellt, untergebracht sein.

Ein neuer, lichtdurchfluteter Raum

Das Museum wurde 1932 als Museu de les Arts Decoratives im Palau de Pedralbes gegründet. Seine verschiedenen Sammlungen stammen fast alle aus privaten Schenkungen. Bisher wurden die Ausstellungen in verschiedenen Gebäuden der Stadt untergebracht, so das alte Designmuseum und das Modemuseum in zwei gotischen Palästen in der Carrer Montcada.
Das neue, von Licht durchflutete Gebäude, an dem außen nur Zink und Glas verbaut wurden, zeichnet sich durch einen »grünen Teppich« und eine Lichtinstallation auf dem angrenzenden Platz aus. Die Nutzung von natürlichen und künstlichen Elementen sind hier Konzept. Es besteht aus einem unterirdischen Teil, der das natürliche Gefälle des Geländes nutzt, und einem oberirdischen Teil, der sich 14,5 Meter über das Niveau der Plaça Glories erhebt und dabei die Verkehrswege überragt. Der obere Teil des Gebäudes hat die Form eines schräg geschnittenen Parallelepipeds und nutzt eine kleinstmögliche Standfläche, um den öffentlichen Raum für Fußgänger und rollenden Verkehr nicht zu beeinträchtigen. Im unteren Bereich liegen die Hauptausstellungsräume sowie eine Bibliothek, das Archiv des Museums, ein Dokumentationszentrum (DHUBdoc) sowie ein Restaurant und ein Museumsshop.
Insgesamt stehen in dem Gebäude 25 000 Quadratmeter als flexible Ausstel-

lungs- und Veranstaltungsfläche zur Verfügung, die in Größe und Funktion angepasst werden kann.

Ein Gebäude, vier Sammlungen

Das Gebäude wurde komplett unter ökologischen Gesichtspunkten konstruiert und erhielt mit »A« die höchstmögliche Nachhaltigkeitsklassifizierung. Die Dauerausstellungen widmen sich vier großen Themenkomplexen:
DEL MUNDO AL MUSEO geht über Produktdesign als Kulturgut und zeigt im ersten Stock des Museums an 240 Exponaten die Geschichte des Industriedesigns in Katalonien.
EXTRAORDINARIAS widmet sich dem Kunsthandwerk und dem angewandten Design vom 3. bis zum 20. Jahrhundert an 1200 Ausstellungsstücken, unter anderem Keramik, Möbel, Glas und Uhren.
EL CUERPO VESTIDO. SILUETAS Y MODA (1550–2014) illustriert an 170 Ausstellungsstücken die Entwicklung der Mode vom 16. Jahrhundert bis heute.
BRUUM RUUM präsentiert die Lichtkunst am Museum. Mit dem Projekt von David Torrents & artec3 in Zusammenarbeit mit LEDsCONTROL wurde auf dem Platz am DHUB auf Bodenniveau eine interaktive Lichtgrafik installiert, die auf Menschen und Geräusche reagiert. Sensoren, die in den Platz integriert wurden, steuern 550 in den Boden eingelassene LEDs auf einer Fläche von 3300 Quadratmetern. Sie interagieren mit den Passanten, ihren Worten und den Geräuschen der Stadt.

INDUSTRIEDENKMÄLER DES POBLENOU

Für Architekturbegeisterte ist das Poblenou ein Erlebnis. Industriegebäude wurden, wo es ging, mit neuem Leben erfüllt. Das gilt besonders für drei Gebäude: Can Felipa, Can Ricart und Ca l'Aranyó. Der Block Can Felipa, C/Pallars erinnert mit seinen Dachböden und den großen Glasfenstern an einen Pariser Wohnblock der Belle Époque. Hier sind heute das Centre Cívic, das Archiv des Poblenou sowie ein Theater untergebracht. Die alte Fabrik Can Ricart erhebt sich seit 1855 majestätisch neben der Eje de Pere IV. Von der ursprünglichen Stoffdruckerei stehen noch das Hauptgebäude und ein Turm. Im Moment wird das Gebäude von verschiedenen Künstlern genutzt. Das beste Beispiel für Industriearchitektur im Poblenou ist Ca l'Aranyó in der C/Tànger. Das Gebäude von 1878 ist ein Klassiker der Fabrikarchitektur, die in Manchester ihre Vorbilder fand. Früher Tuchfabrik, heute Campus für audiovisuelle Studiengänge.

WEITERE INFORMATIONEN

Museu del Disseny de Barcelona: www.museudeldisseny.cat
Can Felipa: www.cccanfelipa.cat

Am äußersten Südosten der Stadt erhebt sich das Luxushotel »W« über den Meeresspiegel (oben). An einem ruhigen Strand (rechts) gelegen, bietet es seinen Gästen und Besuchern außerdem eine luxuriöse Bar im Poolbereich (rechts oben).

39 Strände

Mehr vom Meer sehen

Barcelona verfügt über gut vier Kilometer feinen Sandstrand mit ausgezeichneter Infrastruktur. Täglich werden die Strände gesäubert und die Wasserqualität ist bestens, wie fast überall an Spaniens Küsten. Um einen ungestörten Badespaß zu garantieren, markieren Bojen den Bereich für Schwimmer. Wegen des milden Klimas kann man in Barcelona fast das ganze Jahr über baden.

Alle Strände Barcelonas sind von feinem oder etwas gröberem, goldgelbem Sand bedeckt. In der Regel fallen sie flach ab und das Meer ist vor allem an den älteren Stränden recht ruhig. Die Strände beginnen am Alten Hafen an der Barceloneta und ziehen sich bis an das Gebiet des Fòrum. Da die Stadt direkt am Meer liegt, sind alle Strände leicht mit dem öffentlichen Nahverkehr oder zu Fuß zu erreichen.

Viele Restaurants und Strandbars befinden sich an den unterschiedlichen Abschnitten. Das Sportangebot ist reichhaltig und bietet für jedes Wetter das Passende. Ab dem Olympischen Hafen werden die Strände durch die Autobahn Ronda Litoral von der Stadt abgeschnitten, aber sie ist auf sicherem Weg mit Brücken und Tunnels zu queren.

Feiner Sand, Sonne und klares Wasser

Die Platja de Sant Miquel zwischen der Platja de la Barceloneta und Sant Sebastià, direkt an der Barceloneta, existiert seit 1755 und ist somit der älteste Strand der Stadt. Er hat seinen Namen von der nahe gelegenen Kirche Sant Miquel del Port. Dieser Strandabschnitt von etwa 420 Metern gehört zu den meistfrequentierten.

Auch die Platja de la Barceloneta und Sant Sebastià gehören zu den älteren Stränden und den längsten Strandabschnitten. Sie werden aufgrund ihrer Nähe zum Stadtzentrum von Touristen und jungen Wassersportfans bevorzugt. Beide Strandabschnitte sind gut mit sanitären Anlagen, Duschen und Umkleidekabinen ausgestattet und bieten Plätze für Volleyball, Tischtennis und ausgewiesene Zonen für Kinder an. Direkt daran anschließend verläuft die Platja de Somorrostro, die bis zum Olympiahafen reicht. Sie ist ebenfalls gut ausgestattet und leicht mit dem öffentlichen Nahverkehr zu erreichen, was sie gerade bei den Jugendlichen Barcelonas überaus beliebt macht.

Die Nova Icària liegt gleich hinter dem Olympiahafen. Sie ist mit 400 Meter Länge einer der ruhigsten Strände und verfügt ebenfalls über eine gute Infrastruktur und eine Reihe von Sportmöglichkeiten. Erwähnenswert ist auch ihr behindertengerechter Zugang. Es kommt häufig

vor, dass Freiwillige Gehbehinderten beim Baden helfen. Dieser Strand wird gern von Familien mit Kindern besucht.

Baden und Sport – ein reichhaltiges Angebot

Die Platja Bogatell im Anschluss wurde in ihrer heutigen Form in den 1990er-Jahren im Verlauf der ersten Umgestaltung des Poblenou angelegt. Sie ist etwa 640 Meter lang und liegt direkt vor dem alten Friedhof des Poblenou. Sie wird hauptsächlich von älteren Menschen und vor allem von Anwohnern des dahinterliegenden Stadtviertels Poblenou besucht. Auch für sie gilt: Die Infrastruktur ist sehr gut. Ab hier findet man die interessantesten Beach Clubs und Bars.
Die folgenden Mar Bella, Nova Mar Bella und Platja Llevant wurden im Verlauf der Olympischen Spiele bei der Neugestaltung des Poblenou angelegt. Auch sie sind gut ausgestattet – und hier beginnt auch der Strandabschnitt mit FKK.
An der Plajta Nova Mar Bella stehen Rollstühle zur Verfügung, mit denen Gehbehinderte mithilfe von Freiwilligen zum Baden gehen können. Dieser Strand ist recht ruhig. Mit der Platja Llevant enden die Strände Barcelonas. Dieser Abschnitt, der erst 2006 endgültig fertiggestellt wurde, zählt zu den ruhigsten der Stadt.

CHILL-OUT AM STRAND

Ziemlich am Ende der Plajta Llevant befindet sich die Bambú Beach Bar. Ein Kleinod, das neben einem Restaurant und einer Cocktailbar gute Musik bietet. Einwohner und Besucher erleben hier echtes Chill-out-Feeling direkt am Meer. Die einfache Dekoration mit exotischen Anklängen, das familiäre Ambiente mit ruhiger und relaxender Musik, meist Chillout und Chill House und das junge und professionelle Team begeistern hier überwiegend erwachsene Gäste mit ihrem freundlichen Service und gutem Essen. Der Ort ist ideal für einen Aperitif oder einen Cocktail, egal, ob am späten Nachmittag oder bei Mondlicht. Ganz besonders zu erwähnen sind die legendären Partys, die hier gefeiert werden. Die Bamboo Beach Bar gehört zu der kleinen Restaurantkette Plantea Group. An der Playa Bogatell ganz in der Nähe liegt das Vai Moana, das ganz ähnlich ist, nur das Publikum ist hier jünger, und man genießt hier mehr das authentische Beachlife.

WEITERE INFORMATIONEN

Bambú Beach Bar: Platja Llevante, Ronda Litoral S/N, Tel. 9 33 09 12 91.
Vai Moana: Platja Bogatell, Avenida Litoral, s/n, Tel. 9 33 09 12 91.

In dieser Oase der Ruhe (oben) soll das Natürliche die Oberhand über das Künstliche bewahren (unten). Das Grün der dichten Vegetation, bestehend aus Weiden, Bäumen, Lianen und Blumen, verspricht Erholung mitten im ehemaligen Industriegebiet (rechte Seite).

40 Parc del Centre del Poblenou

Design und Natur

Unter den Parks, mit denen Barcelona aufwartet, sticht der direkt an der Avinguda Diagonal gelegene, 2008 von Jean Nouvel gestaltete Parc del Centre del Poblenou dank seiner modernen Elemente besonders hervor. Er ist eine Oase der Ruhe mitten in der Stadt.

Moderne Parks und Gartenanlagen sind häufig stark von Beton, Zement und Metall geprägt. Jean Nouvels (geb. 1945) Parc del Centre del Poblenou bildet da keine Ausnahme. Nur, dass hier die mediterrane Vegetation die Hauptrolle spielt: Rund 1000 Bäume, 35 Palmen, mehr als 5000 Sträucher und eine ähnliche Anzahl von Kakteen und Sukkulenten, fast 11 000 Rankpflanzen, mehr als 1400 Stauden – und unter allen diesen 48 Arten, die durch ihren Duft hervorstechen, wurden im Park gepflanzt und im Frühjahr 2008 der Öffentlichkeit übergeben: eine grüne Lunge mit einer Fläche von 55 000 Quadratmetern zwischen den Straßen Bilbao, Marroc, Bac de Roda und der Avinguda Diagonal.

Ein architektonisches Juwel

Der Park wird von einer großen Mauer umgeben, die von mediterraner Vegetation überwuchert ist. Nur wenige Öffnungen, mit von Gaudí inspirierten Formen, gestatten Zugang zum Park. Im Inneren überraschen vor allem die modernen Elemente. Stühle, die zum Ausruhen im Schatten einladen, metallene Skulpturen, von Pflanzen zurückerobert, die an religiöse Heiligtümer erinnern, und kleine Hütten an Spielplätzen, die Kindern Raum zum Spielen geben.

In erster Linie ist der Park ein Ort zum Spazierengehen, zum Spielen und Lesen, ein Ort der Kommunikation, aber vor allem ein Ort zum Meditieren. Der Boden des Parks ist entweder mit Gras bewachsen oder mit feinem Kies aufgefüllt.

Jedes Element des Parks, sei es Pflanze oder ein Gegenstand, ist nie nur dekorativ oder praktisch. Ein gutes Beispiel sind die drei verschiedenen Beleuchtungsarten. Eingesetzt, um die Vegetation hervorzuheben, dienen sie gleichzeitig als Designobjekte. Sie beleuchten den Park bei Dämmerung aus Räuchergefäßen, hohen Stangen und perforierten Kugeln, die sich auf dem Boden befinden.

Die gesamte Anlage hat die Form eines großen Dreieckes, das wiederum aus drei thematischen Inseln besteht. Eines der Werke ist der »Brunnen der Welt«, ein spiralförmiger Weg, eingefasst von blühenden Pflanzen, der einen Krater symbolisiert. Die »Himmels-Brunnen« sind vertikale Strukturen aus Metall, aus denen Pflanzen »fließen«. Im Zentrum des Parks liegt als Treffpunkt die Plaça de la Sardana, umgeben von kleinen Hütten und schattigen Lauben, in denen Kinder

wunderbar spielen können. Jean Nouvel lag der ökologische Aspekt bei diesem Park sehr am Herzen. So verfügt er über ein Lagerbecken für gereinigte Abwässer und ein Bewässerungssystem, das dafür sorgt, dass jede Pflanze an jeder Stelle des Parks genau das Wasser bekommt, das sie für ihr Gedeihen benötigt.

Erinnerungen an die Vergangenheit

Das Poblenou war einst das Herz der Textilindustrie Barcelonas. Hunderte von gemauerten Mühlen des 19. Jahrhunderts und Schornsteine wurden für die Neugestaltung dieses Viertels abgerissen und mussten modernen Gebäuden Platz machen. Im Park stehen zur Erinnerung noch eine dieser Mühlen und ein alter Schornstein.
Wie schon bei anderen Werken, gelang es dem französischen Architekten auch hier, moderne Architektur und Pflanzen harmonisch zu verbinden. Ein weiteres Beispiel ist der hängende Garten an der Rückwand der antiken Brauerei Fàbrica Moritz in der Ronda Sant Antoni.

CEMENTIRI DEL POBLENOU

Der Friedhof des Poblenou ist ein Ort der Kunst. Im Grunde handelt es sich bei ihm um ein Begräbnismuseum voller Skulpturen. Nachdem die Truppen Napoleons den alten Armenfriedhof zerstört hatten, baute der Architekt Antonio Ginesi (1791 bis 1824) den Friedhof wieder auf, und die Bourgeoisie der Stadt ließ sich hier Grabdenkmäler von hohem Wert errichten. Bekannt sind »El Petó de la mort«, der Kuss des Todes, und das Grab des »Santet«, eines kleinen Jungen, das heute noch mit frischen Blumen geschmückt wird. Ebenso die Gräber der »Gitanos«, etwa das des elegant gekleideten Mannes, der sich auch hier nicht von seinem Päckchen Zigaretten trennen mochte. Es ist ein Ort, der von Epidemien und Abenteuern, von Armen und Reichen, Liebe und Hass und nicht zuletzt vom Leben und dem Tod in Barcelona erzählt.

WEITERE INFORMATIONEN

Parc del Centre del Poblenou: Mai–Sept. Mo–So 10–21 Uhr, April und Okt. 10–21 Uhr, März und Nov. 10–19 Uhr; im Winter 10–18 Uhr, Eintritt frei. www.bcn.cat/parcsijardins
Cementiri del Poblenou: Führungen jeden 1. und 3. So im Monat. Anmeldung für die Nachtführungen unter Tel. 9 34 84 19 99.

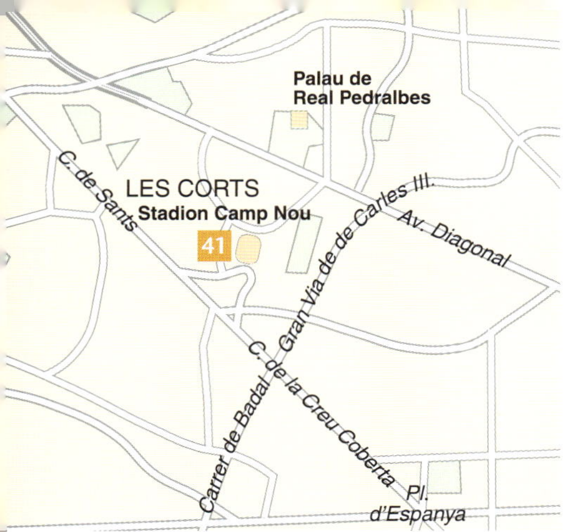

Welchem Fußballfan schlägt bei einer solchen Sicht (oben) nicht das Herz höher? Im Museum und im angeschlossenen Shop (unten) werden jede Menge Fanartikel des FC Barcelona angeboten.

41 Camp Nou

Fußball als Touristenattraktion

Muss man beim Besuch einer Kulturstadt ein Fußballstadion besuchen? Die Frage scheidet die Geister. Aber das Camp Nou, Heimstadion des FC Barcelona, ist eines der größten Fußballstadien der Welt und das dazugehörende Museum eine der meistbesuchten Stätten der Stadt.

Der FC Barcelona wurde im November 1899 von dem gebürtigen Schweizer Hans Gamper (1877–1939) gegründet. Die Trikotfarben Rot-Blau sind eine Ehrung des FC Basel, bei dem Gamper als Kapitän spielte. Heute ist der FC Barcelona mit fast 160 000 Mitgliedern der weltweit größte Fußballverein. Nachdem die Kapazität des alten Stadions, des Les Corts, mit 60 000 Plätzen nicht mehr ausreichte, wurde im September 1957 nach dreijähriger Bauphase das Camp Nou eröffnet. Seither ist es das Heimstadion des FC Barcelona. Bis 2000 trug das Stadion offiziell die Bezeichnung Estadi del Futbol Club Barcelona.

Das größte Fußballstadion Europas

Das Stadion ist nach dem Rückbau des Leipziger Zentralstadions mit einem Fassungsvermögen von 99 354 Zuschauern das größte Fußballstadion Europas und das größte Vereinsstadion der Welt. Es ist 48 Meter hoch, 250 Meter lang und 220 Meter breit. Insgesamt umfasst das Areal eine Fläche von 55 000 Quadratmetern. Alle Plätze können innerhalb von fünf Minuten evakuiert werden. Derzeit ist geplant, das Camp Nou vom britischen Stararchitekten Norman Foster umbauen zu lassen, um die Kapazität noch einmal auf 105 000 Zuschauer zu erhöhen.

Ein Museum für den Fußball

Im dazugehörigen Museu del FC Barcelona ist die Geschichte des Sportvereins von den Anfängen bis in die Gegenwart zu besichtigen. Es wurde1984 eingeweiht und seitdem dreimal ausgebaut. Mittlerweile hat es eine Gesamtfläche von 3500 Quadratmetern. Mit 1,2 Millionen Besuchern im Jahr ist es nach dem Museu Picasso das bestbesuchte Museum in der Stadt. Auch das Stadion kann besichtigt werden. Die sogenannte Camp Nou Experience-Tour beginnt im Museum und führt anschließend durch verschiedene Bereiche des Stadions, u.a. kann man den Pressesaal, die Umkleidekabine der Auswärtsmannschaft, die Kommentatorenkabinen und die Trainerbänke besichtigen. Zudem kann man, quasi aus Spielerperspektive und von eingespielten Fangesängen begleitet, den Einlauf ins Camp Nou erleben. Das Museum ist übrigens das zweitbestbesuchte Museum in der katalanischen Metropole.

INFO: www.fcbarcelona.com/camp-nou

42 Palau Reial de Pedralbes

Die königliche Residenz

Barcelona, nicht gerade reich mit Parks gesegnet, besitzt mit den Jardins del Palau de Pedralbes ein echtes Kleinod. In der prächtigen Gartenanlage liegt der Palau Reial de Pedralbes, ein Palast, in dem die königliche Familie von 1919 bis 1931 residierte, wenn sie in der Stadt weilte.

In der zweiten Hälfte des 19. Jahrhunderts erwarben Joan und Eusebi Güell, Förderer Gaudís, hier den Landsitz Can Feliu aus dem 17. Jahrhundert. Durch Zukäufe entstand auf diese Weise ein 30 000 Quadratmeter großes Grundstück, das »Finca Güell« genannt wurde. Das vorhandene Anwesen wurde in der Folgezeit durch den Architekten Joan Martorell in eine Sommerresidenz mit prächtigen Gartenanlagen umgestaltet. Später beauftragte die Familie Güell Antoni Gaudí mit den Entwürfen für ein Pförtnerhaus, Stallungen und ein Tor – die später als Pavellons Güell bekannt geworden sind.

Im Jahr 1918 wurde der spanische König Alfonso XIII. stolzer Besitzer von Teilen des Geländes. Die Familie Güell schenkte sie dem Monarchen. Das Anwesen wurde bis zum Jahr 1924 in einen Palast im Stil der Neorenaissance umgestaltet. Im Rahmen der Erweiterung wurde der viergeschössige Zentralbau durch zwei dreistöckige geschwungene Seitenflügel ergänzt. Seither trägt das Gebäude den Namen »Königlicher Palast von Pedralbes«. Wenig später, im Jahr 1927, erhielten auch die Gartenanlagen ihre heutige Form.

Verborgene Schätze im Garten

Der Park ist nach französischen und englischen Vorlagen angelegt: mit romantischen Brücken, Brunnen und von Bougainvillen überwucherten Pergolen. In einem Bambuswäldchen steht ein Herkulesbrunnen aus Schmiedeeisen, ein Werk Antoni Gaudís, der in der üppigen Vegetation verborgen lag, bis er zufällig bei Gartenarbeiten im Jahr 1984 entdeckt wurde. Während der Zeit Francos wurden das Areal und der Palast von diesem selbst genutzt. In der darauffolgenden Zeit waren hier zwei Museen untergebracht, die jetzt in das DHUB an der Plaça Glories umgezogen sind. Mit der Wahl Barcelonas zum Hauptsitz der Mittelmeerunion wurde der Palau Reial de Pedralbes in den Jahren 2008/2009 zum Generalsekretariat dieser Organisation umgewandelt. Der schattige Park ist im Sommer ein überaus beliebtes Naherholungsziel der Bürger, und im Sommer findet hier jedes Jahr ein hochdotiertes Musikfestival mit Gästen wie etwa Carla Bruni, Simple Minds oder George Benson statt. Der Palast ist leider nicht zu besichtigen.

INFO: Palau Reial de Pedralbes, Avinguda Diagonal, Tel. 9 32 80 50 24.

Das ehemalige königliche Kloster wurde einst weit außerhalb der Stadtmauern gegründet, um ein Ort der Ruhe und Andacht zu sein (oben). Doch dank des rasanten Wachstums der Metropole gehört es heute schon längst zum Stadtgebiet. Seine Räume werden u.a. für Ausstellungen genutzt (unten).

An die nahe gelegenen Sandstrände flüchten sich nicht nur Touristen (oben) – vor allem am Wochenende erholen sich hier auch viele Familien aus Barcelona (rechts). Wer es etwas gediegener mag, kann einen der Beachclubs besuchen (unten und rechts oben).

43 Nahe Strandschönheit

Erholung westlich der Stadt

Verlässt man Barcelona in südwestlicher Richtung, befindet man sich im Baix Llobregat, wo der Llobregat zwischen Barcelona und dem Flughafen ins Meer mündet. Hier gibt es fast 20 Kilometer Strand mit feinem, goldgelbem Sand. Im Vergleich zu den Stränden des Maresme ist es hier ruhiger – und man hat mehr Platz.

Direkt hinter Barcelona, im Grunde genommen schon dort, wo der Llobregat ins Meer fließt, aber noch unterhalb des Flughafens, beginnt die Costa del Garraf, die sich bis an die Costa Daurada hinzieht. Auf einer Strecke von rund 20 Kilometern reiht sich hier Sandstrand an Sandstrand, nur unterbrochen durch die landwirtschaftlichen Entwässerungsgräben. Der Name Costa del Garraf kommt von dem gleichnamigen Bergmassiv im Hinterland, das zwischen Castelldefels und Sitges auf das Meer trifft. Dieser Küstenabschnitt wurde früher zur Costa Daurada gezählt, die sich im Süden ab Vilanova i la Geltrù anschließt. Die Ortsansässigen betrachten sie als die »Hausküste« Barcelonas, und an den Sonntagabenden, wenn die Zeit des Vergnügens vorübergeht, quälen sich hier die kilometerlangen Fahrzeugkolonnen der Wochenendtouristen von der Costa Daurada und der Costa del Garraf im Schritttempo über die drei Straßen nach Barcelona zurück.
Im bergigen Hinterland der Costa del Garraf liegt der Naturpark Parc Natural del Garraf, der ein beliebtes Ziel für Wanderer ist. Der Strand wird dort durch eine Felsenküste unterbrochen und setzt sich erst ab Sitges in Richtung Tarragona wieder fort.

Sauberes Wasser, lange Strände und ein Lüftchen

Dank der installierten Kläranlagen wird das Wasser mit zunehmender Entfernung von der Llobregat-Mündung immer sauberer. Hier hat sich in den letzten Jahrzehnten eine ganze Menge getan, und heute laden die teilweise recht breiten und flach abfallenden Strände zu ungetrübten Badefreuden ein. Dank der offenen Lage und des bisweilen kräftig wehenden Windes kommen hier die Surfer und vor allem die Kitesurfer voll auf ihre Kosten. Und an allen Stränden liegen verschiedene Strandbars. Das sichere Wetter, das saubere Wasser und die Möglichkeit, schon früh im Jahr und bis in den November hinein zu baden, macht diese Strände besonders für Besucher aus dem Norden interessant.
Direkt am Flughafen liegt die Platja del Prat de Llobregat. Sie ist fast acht Kilometer lang und rund 50 Meter breit. Ihre Strandbars zeichnen sich vor allem durch ihr Nachtleben unter startenden Flugzeu-

gen aus. Der Strand besitzt einen Zugang für Behinderte, und er ist gut mit Bussen zu erreichen. Außerdem gibt es in der Nähe einen bewachten Parkplatz sowie Duschen. Taucher finden hier ein gutes Angebot.

Ein Vergnügen für die ganze Familie

Die Infrastruktur ist an allen Stränden gleichermaßen gut. Auch an der Platja Viladecans, die 2500 Meter lang ist. Auch wenn das Meer hier ruhig ist, gibt es doch mehr Wind. Die Platja Gavà bei Gavà-Mar schließt sich direkt an und ist knapp vier Kilometer lang. Sie ist eher mäßig besucht, sodass man hier Ruhe findet. Ihre lange Strandpromenade in den Dünen ist besonders in den stürmischeren Jahreszeiten zum Spazieren und Inlineskaten ideal. Gleich danach kommt der rund fünf Kilometer lange Strand von Castelldefels, der stattliche 100 Meter breit ist und besonders bei Familien und Gehbehinderten beliebt ist. Hier patrouilliert auch die Polizei. Der Strand von Castelldefels endet bei der Platja Les Botigues am Jachtafen von Castelldefels, wo das Garraf-Massiv bis ans Meer reicht. Dieser letzte Abschnitt ist 1600 Meter lang und 50 Meter breit.
Alle Strände lassen sich bequem mit Bussen oder Auto auf der C31 und C32 erreichen. Lediglich der letzte Strandabschnitt wird von Barcelona aus mit der Bahn angefahren: Station Castelldefels Platja.

DIE ANTIKEN MINEN VON GAVÀ

Für Besucher, die sich für mehr als Strand, Wasser und Sonne interessieren, hat die Gemeinde Gavà, wenige Kilometer vom Strand entfernt am Fuße des Garraf gelegen, noch eine weitere Attraktion zu bieten: die antiken Minen von Gavà, den Parque Arqueológico Minas de Gavà. Vor 6000 Jahren wurden hier Variscit, ein grünliches Mineral zur Schmuck- und Pigmentherstellung sowie später Feuerstein und Quarz zur Herstellung diverser Werkzeuge abgebaut. In der Zeit der Iberer und Römer kamen noch Eisen, Opal und Ocker hinzu, die man hier bis ins Mittelalter hinein abbaute. Die Minen von Gavà sind eine der ersten großen Minen auf spanischem Boden, die so lange und intensiv genutzt wurden. Der Komplex besteht aus einem Netz von unterirdischen Gängen und Galerien, die fast alle miteinander in Verbindung stehen und teilweise in großen Sälen enden. Einige der Minen wurden bereits in der Steinzeit als Müllhalde und in späteren Zeiten als Begräbnisstätten benutzt.

WEITERE INFORMATIONEN

Archäologie-Park: Pl. de Dolors Clua 13–14, 08850 Gavà, Tel. 9 32 63 96 50, www.parcarqueologic.cat

Ein Denkmal für einen berühmten Sohn der Stadt. Bacardí, der Gründer der Rum-Fabrik auf Kuba (oben). Man trifft sich auf den Straßen (unten), sofern man nicht die Strände besucht (rechts oben), wo sich auch die Kinder wohlfühlen (rechts unten).

44 Sitges

Ein quirliges Städtchen mit Strand

Etwa 35 Kilometer südwestlich Barcelonas liegt, eingebettet zwischen den Endausläufern des Garraf und den eigenen Weinbergen, der Küstenort Sitges. Das kleine Städtchen ist ein beliebtes Ausflugs- und Urlaubsziel, nicht nur für Touristen. Sauberes Wasser, die kleinen Strände und ein großes Freizeitangebot, vor allem bei Nacht, locken die Besucher in Scharen an.

Fährt man von Barcelona aus etwa 37 Kilometer in südwestlicher Richtung, gelangt man nach Sitges. Hier bilden die Berge des Garraf einen natürlichen Schutzschild gegen die teilweise recht scharfen Winterwinde, und so genießen die Menschen in Sitges das milde und frostfreie mediterrane Klima. Die Sonne scheint hier an mehr als 300 Tagen im Jahr.

Schon früh siedelten Menschen hier aufgrund der günstigen Lage, erste Spuren der Iberer finden sich aus der Zeit des 4. bis 3. vorchristlichen Jahrhunderts. Bereits im 1. Jahrhundert n. Chr. wurde der Hafen von Sitges als Umschlagplatz für Produkte aus dem Hinterland genutzt. Um 1100 befand sich dort, wo heute das Rathaus steht, eine Burg, die zu Barcelona gehörte. Und vom 12. bis in das frühe 19. Jahrhundert herrschte hier eine Adelsfamilie. Im Jahr 1814 wurde Sitges frei und schloss sich der spanischen Krone an.

Im 19. Jahrhundert erlebte der Ort eine Blütezeit dank des florierenden Handels mit Amerika. Immerhin kamen 27 Prozent der Katalanen, die Handel mit Amerika trieben, aus diesem Städtchen. Dabei ging es vor allem um Wein aus den umliegenden Anbaugebieten und um Kleidung. In der zweiten Hälfte des 19. Jahrhunderts kehrten viele Auswanderer, die es in Amerika mittlerweile zu Reichtum gebracht hatten, nach Sitges zurück, errichteten sich prächtige Herrenhäuser und hinterließen ein reiches architektonisches Erbe.

Sohn einer der bekanntesten Familien war Facundo Bacardí (1814–1887), der Gründer des Unternehmens Bacardi auf Kuba. Die Familie investierte ihr Kapital auch in die große Schuhindustrie vor Ort, die hier 80 Prozent der Erwachsenen beschäftigte. Ende des 19. Jahrhunderts entdeckte der Tourismus Sitges. Künstler kamen in den Ort und verliehen ihm gerade zu Beginn des 20. Jahrhunderts neuen Glanz.

Schöne Strände und Palmen

Mit dem Bau einer Eisenbahnstrecke zwischen Sitges und Barcelona im Jahr 1888 und dem Aufkommen der ersten medizinischen und therapeutischen Bäder in diesem Ort kamen immer mehr Ferien-

Um 1900 errichtete sich die Hautevolee große Villen (oben) direkt an der Strandpromenade (Mitte). Dort, wo früher nur Fischer wohnten (unten) entstand eine elegante Flaniermeile (rechts) mit einigen denkmalgeschützten Häusern (rechts oben).

gäste aus Barcelona in das Seebad. Nach der Ankunft des Künstlers Santiago Rusiñol (1861–1931) im Jahr 1891 entwickelte sich Sitges darüber hinaus zu einem Ort der Kultur und des Modernisme. In den 1930er-Jahren dann war das Städtchen ein Zentrum des europäischen Tourismus.

Schon früh etablierte sich hier ein liberales und tolerantes Klima, das sich sogar unter Franco halten konnte. Heute gibt es hier eine schwule Kneipen- und Klub-Szene, die weit über die Grenzen Kataloniens bekannt ist. Berühmt ist vor allem der lesbisch-schwule und sehr extravagante Karneval.

Wichtigster Grund für Touristen aus ganz Europa, nach Sitges zu kommen, sind die 17 Strände mit feinem Sand und exzellenter Wasserqualität. Etwas außerhalb des Ortes, an der Steilküste des Garraf, laden zudem kleine Buchten zum Baden ein. Der einzige Stadtstrand, an dem FKK zugelassen ist, ist die Platja Balmins. Sie liegt zwischen Stadt und Jachthafen. Ansonsten müssen Anhänger der Freikörperkultur einen kleinen Marsch in Kauf nehmen und zu den Buchten zwischen Vilanova und Sitges im Garraf wandern.

Die Stadtstrände sind in den Sommermonaten, vor allem dann, wenn auch in Spanien Ferien sind, recht gut besucht. An den meisten fällt das Meer sehr flach ab, sodass auch Familien mit kleineren Kindern hier gern einen Tag am Strand verbringen. Eine mit Palmen bepflanzte, breite und drei Kilometer lange Promenade erstreckt sich von der felsigen Steilküste im Osten durch den ganzen Ort bis zum Golfplatz im Westen. In den engen Straßen des alten Ortskerns gibt es zahlreiche Geschäfte, Bars und Lokale.

Schattige und verwinkelte Gassen

Der Teil der Altstadt, der an die Strände angrenzt, ist weitgehend frei von modernen Blocks und Hochhäusern. Hier gibt es stattdessen zahlreiche architektonische Kleinode, besonders aus der Zeit des Jugendstils. Die Strandpromenade wird von prächtigen Villen aus dem 20. Jahrhundert gesäumt. Das alles überragende Bauwerk ist die auf einem Felsen am Strand erbaute Kirche des heiligen Bartholomäus und der heiligen Thekla mit ihren charakteristischen ungleichen Kirchtürmen.

Obwohl Sitges ungeheuer beliebt bei Touristen aus ganz Europa ist, konnte man hier der Bauwut, mit der andere Küstenorte bis zur Unkenntlichkeit zerstört wurden, widerstehen. Das Viertel hinter der Kirche ist voller romantischer Ecken, Bars, kleiner Boutiquen und teilweise sehr guter Restaurants, die dementsprechend auch nicht gerade preiswert sind. Insgesamt ist der Aufenthalt hier sehr angenehm. Sehenswert sind besonders der Komplex um den Maricel, was soviel wie Meer und Himmel bedeutet, und die Racó de la Calma, die direkt hinter der Kirche, im Herzen der Altstadt, liegt.

Kultur und Meer, ein Magnet für Besucher

Zahlreiche kulturelle Veranstaltungen haben Sitges bekannt gemacht. So finden hier jährlich im Juli das große internationale Tango Argentino Festival, und seit 1968 jedes Jahr im Oktober das Internationale Festival von Sitges für Fantasy- und Horrorfilm statt. Es gilt als das bedeutendste Festival dieser Art weltweit. Auf einer von Audi gesponserten Oldtimerrallye am ersten Sonntag im März

fahren Autos, die von 1900 bis 1924 gebaut wurden und sich heute in privater Hand befinden. Die Route führt entlang der Küstenstraße von Barcelona bis nach Sitges. Gewinner ist nicht der Schnellste, sondern der mit dem besterhaltenen Auto und der originellsten Kleidung.
Ein Anziehungspunkt sind auch die zu Fronleichnam ausgelegten Blumenteppiche, die Feuerwerke und die Fiesta Major am 23. September. Außerdem finden im Sommer überall in der Stadt, etwa so im romantischen Palau Maricel die Concerts de Mitjanit statt. Gespielt wird in den frühen Nachtstunden Jazz und Klassik – teilweise unter freiem Himmel.
Die wichtigste und bekannteste Veranstaltung jedoch ist der Karneval von Sitges. Schrill, laut und bunt ist der Ausnahmezustand in diesen Tagen in der Stadt. Viel Musik, Samba und bunte Kostüme, die eher mehr zeigen als kleiden, erinnern an Lateinamerika, und das oft bei Temperaturen, die selbst einen Nordeuropäer frösteln lassen. Die wichtigsten Tage sind die Umzüge am Sonntag, Dienstag und das Ende des Karnevals am Mittwochabend.
Obwohl Sitges in erster Linie als Badeort bekannt und beliebt ist, hat er dennoch drei überaus sehenswerte Museen: Im Museu Cau Ferrat, dem ehemaligen Wohnhaus und Atelier des in Spanien bekannten Künstlers Santiago Rusiñol, sind unter anderem Werke von ihm selbst, El Greco und Picasso zu sehen. Das Museu Romàntic zeigt Mobiliar und Lebensweise aus dem 18. und 19. Jahrhundert und im Museu Maricel sind Werke der Romantik, Renaissance, des Barock, der katalanischen sowie der maritimen Kultur zu bewundern.

CASTELL D'OLÈRDOLA

Wenige Kilometer von Sitges in Richtung Vilafranca del Penedès liegt an der Straße C15 die Ausgrabungsstätte der Ruinen von Olèrdola. Von hier oben wird man in alle Richtungen mit einen fantastischen Ausblick über das ganze Land belohnt. Auf der Atalaya, in 358 Metern Höhe, liegt das Castell d'Olèrdola, in dem ein Museum mit Funden von der Bronzezeit bis in die Neuzeit untergebracht ist. Auf einem geschützten Bergrücken siedelten seit der Bronzezeit Iberer in einem von Mauern umgebenen Ort, der von drei Seiten von Abhängen umgeben war. Diese strategische Lage nutzten später die Römer für ein beachtliches Oppidum, um von hier aus den Weg nach Tarraco militärisch zu kontrollieren. Aus dem 10. bis 12. Jh. stammen verschiedene Funde wie eine Wein- oder Ölpresse, ein Weinkeller und die alte römische Zisterne. Sehenswert sind die Kirche St. Miquel und die in den Fels gehauenen anthropomorphen Gräber außerhalb der Mauern.

WEITERE INFORMATIONEN

Museu d'Arqueologia de Catalunya Olèrdola. Castillo de Olèrdola, Olèrdola (Alt Penedès), Tel. 9 38 90 14 20 und 6 75 78 29 36, www.mac.cat/Seus/Olerdola

Es gibt verschiedene Möglichkeiten, um auf den Montserrat zu gelangen (oben) und die Schwarze Madonna zu besuchen (unten). In die Abgeschiedenheit des Klosters (rechts unten) führt auch eine Zahnradbahn (rechts oben), besonders empfehlenswert für nicht schwindelfreie Besucher.

45 Montserrat

Der »gesägte« Berg

Hinter Barcelona erhebt sich ein sonderbares Bergmassiv, der Montserrat. Er ist der heilige Berg Barcelonas und wichtiger Teil der katalanischen Identität. Auf ihm befindet sich das Benediktinerkloster Santa Maria de Montserrat, in dem man die Schwarze Madonna Mare de Déu de Montserrat, die Schutzheilige Kataloniens, verehrt.

Der Montserrat ist ein Sandsteingebirge, das sich etwa 40 Kilometer nordwestlich von Barcelona über 1200 Meter hoch erhebt. Er ist Teil des katalanischen Vorküstengebirges, der Serralada Prelitoral Catalana. Der Berg, eines der Wahrzeichen von Katalonien, ist von der Stadt aus nicht zu sehen, da der Tibidabo und die umgebende Bergkette Serra de Collserola die Sicht versperren. Auf 720 Metern Höhe, unterhalb des östlichen Gipfels, befindet sich ein Benediktinerkloster. Das Kloster wurde im Zuge der Erweiterung einer Einsiedelei 1025 gegründet. Im Jahr 1811 wurde es von den Truppen Napoleons weitgehend zerstört, danach aber sofort wieder aufgebaut. Papst Leo XIII. erhob die heutige Klosterkirche 1881 zur päpstlichen Basilica minor. Sie wurde zwischen 1559 und 1592 gebaut, die Apsis mit dem romanischen Gnadenbild stammt aus der zweiten Hälfte des 19. Jahrhunderts.

La Moreneta, die Schwarze Madonna von Montserrat

Das Kloster selbst ist architektonisch keine Sehenswürdigkeit, hier begeistert vielmehr die Kulisse, in die die Gebäude hineingebaut wurden. Über dem Hochaltar in der Basilika des Klosters wird die aus dem 12. Jahrhundert stammende Mare de Déu de Montserrat verehrt. Wegen ihrer Farbe nennt man sie auch »La Moreneta«, die kleine Braune. Sie ist seit 1880 Kataloniens Schutzpatronin. Tag für Tag um 13 Uhr erklingt ihr zu Ehren das Marienlied »Virolai«, das von der Escolania de Montserrat gesungen wird, einem Knabenchor, der seit dem Jahr 1307 urkundlich nachgewiesen ist, im 17. und 18. Jahrhundert eine Blütezeit erlebte und zu den ältesten ganz Europas gehört.

Ein wichtiger Ort der katalanischen Identität

Zur Zeit der Franco-Diktatur wurde im Kloster trotz Verbots weiterhin Katalanisch gesprochen und auch die Messe auf Katalanisch zelebriert. Viele Hundert Verfolgte des Franco-Regimes fanden hier ein Versteck und mehr als 20 Mönche wurden dafür hingerichtet. Das Kloster ist heute ein wichtiges Symbol des katalanischen Selbstverständnisses und des Kampfes gegen die Unterdrückung.

Kulturschätze im Kloster

Im Museum des Klosters werden Objekte aus der Archäologie des Heiligen Landes, liturgische Gegenstände, Gemälde, u.a. von El Greco, Caravaggio, Luca Giordano und Tiepolo, Claude Monet, Edgar Degas, Pablo Picasso, Ramón Casas i Carbó und Salvador Dalí ausgestellt. Das Kloster besitzt außerdem eine umfangreiche Bibliothek mit über 200 000 Bänden, darunter eine Sammlung mittelalterlicher Lieder, das »Llibre Vermell de Montserrat« aus dem Jahr 1399, das neben geistlichen Stücken aber auch weltliche Lieder enthält.

Das Kloster erreicht man außer über eine sehr kurvenreiche Straße auch recht komfortabel mit einer Seilbahn und einer Zahnradbahn, welche von Monistrol de Montserrat direkt zum Kloster hinaufführen. Von dort aus gelangt man mit zwei Standseilbahnen zum 250 Meter höher gelegenen Gipfel Sant Joan und nach unten zum monumentalen Rosenkranz, dessen erstes glorreiches Geheimnis von Antoni Gaudí geplant wurde, sowie zur Höhle Santa Cova, in der einst der Legende nach das Gnadenbild der Mare de Déu de Montserrat aufgefunden worden sein soll.

Auf der Bergkette, die etwa zehn Kilometer lang und fünf Kilometer breit ist, lohnt auch der Besuch der kleineren Klöster des heiligen Benedikt von Nursia und der heiligen Cäcilia von Rom. Zum Kloster der heiligen Cäcilia, welches im Jahr 945 zum ersten Mal urkundlich erwähnt wird, gehören außerdem eine romanische Kirche sowie etliche Einsiedeleien, die jedoch heute zum Großteil verfallen sind.

Der Entdecker Amerikas, Christoph Kolumbus, benannte auf seiner zweiten Reise eine Insel der Kleinen Antillen nach dem Kloster, die heutige britische Kolonie Montserrat.

GRANDIOSE AUSSICHT INS HINTERLAND

Vom Kloster aus sind noch etwa 250 Höhenmeter zu bewältigen, um auf den Gipfel des Montserrat zu gelangen. Wem der Aufstieg zu anstrengend ist, der kann die Zahnradbahn nutzen. Vom Gipfel aus lässt sich der Naturpark Montserrat auf einigen gut ausgebauten Wanderwegen wunderbar entdecken. Von der Bergstation der Standseilbahn führen außerdem Wanderwege von unterschiedlicher Länge zu den Einsiedeleien, die zum Kloster der heiligen Cäcilia von Rom gehören. Wer sich hier auf Schusters Rappen auf Erkundungstour begibt, wird auf jeden Fall für seine Mühen belohnt – mit einem grandiosen Ausblick über Katalonien. Bei besonders klarem Wetter kann man im Südosten sogar die Gipfel des Tramuntana-Gebirges auf Mallorca erkennen.

Obwohl die Wege gut ausgebaut sind, ist unbedingt festes Schuhwerk zu empfehlen. Es genügt eine mittlere Kondition, um die Wege zu bewältigen. Um die empfindliche und karge Vegetation zu schützen, sollte man die Wanderwege nicht verlassen.

WEITERE INFORMATIONEN

Monestir de Montserrat:
www.montserratvisita.com

Früh errichteten die Zisterzienser Klöster, die sich vor allem durch eine ganz besondere, zuruckhaltende Schönheit auszeichnen (oben). Hier ließen sich sogar Könige begraben (unten). So trutzig das Haupttor wirkt (rechts), so elegant ist der Waschbrunnen (rechts oben).

46 Zisterzienserkloster Santes Creus

Große Geschichte am Ufer des Gaià

Nach der Rückeroberung der von den Mauren besetzten Gebiete im 12. Jahrhundert wurde das entvölkerte Land Stück für Stück wieder besiedelt. Eine besondere Rolle kam in dieser Zeit den Klöstern zu. So entstanden unter Graf R. Berenguer IV. fast zeitgleich drei Klöster, als Zeichen des Triumphes und steinerner Dank für die Vertreibung der Araber.

Das Zisterzienserkloster Santes Creus, das königliche Kloster der Heiligen Maria von den Heiligen Kreuzen, wurde ursprünglich 1152 an anderer Stelle gegründet. Ab 1158 blühte es nach zwei Umzügen am heutigen Standort in der Provinz Tarragona schnell auf. Der Name beruht darauf, dass die Schäfer, die hier ihre Weiden hatten, diese mit Kreuzen absteckten, die sie nachts mit Feuern erhellten. Gegründet wurde das Kloster von der Familie Montcada. Es fand schnell das Interesse des königlichen Hofes, der ihm Privilegien und finanzielle Unterstützung zukommen ließ, was schließlich dazu führte, dass das Kloster dem Papst direkt unterstellt wurde. Seit 1835 war es unbewohnt und vom Verfall bedroht. Erst mit der Aufnahme in die Liste der Nationalen Monumente im Jahr 1921 stand es unter dem Schutz der Denkmalpflege.

Neben dieser musealen Anlage existieren in Katalonien noch zwei weitere Zisterzienserklöster, die noch heute bewirtschaftet werden. Sie befinden sich gar nicht weit entfernt: das Nonnenkloster Santa Maria de Vallbona und die Abtei Santa Maria de Poblet.

Zisterziensische Enthaltsamkeit

Der heutige Kirchenbau wurde 1174 begonnen und 1215 geweiht. Von außen ist er streng und schmucklos und wirkt mit seinen sechs breiten Zinnen eher wie eine Festung. Auch innen besticht die Abteikirche durch herbe zisterziensische Einfachheit. In starkem Kontrast hierzu stehen jedoch die Königsgräber, die mit ihrer prunkvollen spätgotischen Ausstattung in diesem Raum beinahe stören.

Prunkvolle Kapitelle

Der Kreuzgang des Klosters im Flamboyantstil aus dem 14. Jahrhundert ist weit verspielter als der Rest des Klosters. Er ist mit hochinteressanten und sehr fantasievollen Kapitellen ausgestattet. Im Gegensatz zur übrigen Schlichtheit sind die Kapitelle mit einer Vielfalt von Pflanzen, Tieren, Menschen und Tiermenschen verziert. Anscheinend keiner theologischen Regel und Reihenfolge folgend, sind Garten Eden, Erschaffung des Menschen, Erschaffung Evas aus Adams Rippe, Versuchung, Vertreibung etc. bebildert, und das teilweise zusammengefasst über mehrere Bögen und Kapitelle hinweg. Daneben gibt es Kapitelle, die

jahreszeitliche Arbeiten, Narrenspiele und dämonische Tiergestalten zeigen. Zum Kloster gehörten einst noch weitere Gebäude, die außerhalb der Mauern lagen, etwa ein Krankenhaus oder der alte Bischofspalast. In ihm sind heute das Rathaus und eine Schule untergebracht. Sehr beeindruckend ist auch der königliche Palast aus dem 14. Jahrhundert, erbaut von Jakob II., der sich sehr gern hierher zurückzog. Auf einem der beiden Klosterplätze können das majestätische Himmelfahrtstor und ein barocker Brunnen bewundert werden.

Der Niedergang

Im 19. Jahrhundert wurde Spanien von den Folgen der Französischen Revolution heimgesucht, und Napoleons Truppen, die durch das Land marschierten, plünderten zahlreiche Klöster. Die folgenden Jahrzehnte voller Unruhen und Aufstände führten dazu, dass 1835 ein Großteil der kirchlichen Besitze eingezogen und verkauft wurde, um die Staatsschulden zu begleichen. Doch bereits 1844 nahm sich die Baukommission der Provinz des Klosters an, das zunächst einige Jahre als Krankenhaus und dann als Gefängnis diente.
Seit 1997 gibt es einen sehr interessanten und lehrreichen Rundgang, der mit audiovisueller Unterstützung einen schönen Überblick über die Geschichte der Zisterzienser und Santes Creus gibt. Wer das Kloster besucht, sollte sich diese sehr anschaulichen Informationen nicht entgehen lassen.

DIE RUTA DEL CISTER

Auf der Ruta del Cister sind die drei Klöster Santa Maria de Vallbona, Santa Maria de Poblet und Santes Creus auf einem Wanderweg zusammengefasst. Entlang der Strecke, die auch Varianten für den Fahrrad- und motorisierten Tourismus aufweist, liegen viele Sehenswürdigkeiten der gesamten Region. Der Wanderweg selbst ist mit GR-175 gekennzeichnet und hat eine Länge von 104 Kilometern. Er führt vom Kloster Santes Creus auf einer Teilstrecke von 35 Kilometern über El Pont d'Armentera, Rocafort de Queralt, Forès, Belltall zum Kloster Santa Maria de Vallbona. Dieses Kloster wird von Nonnen bewirtschaftet und verfügt über eine kleine Herberge mit 20 Zimmern. Weiter geht es 24 Kilometer über L'Espluga de Francolí zum Kloster Poblet, wo auch Gäste willkommen sind, und weiter über Montblanc und El Pla de Santa Maria zurück zum Kloster Santes Creus (45 km).

WEITERE INFORMATIONEN

Santes Creus: Plaza Jaume el Just S/N, Aiguamúrcia-Santes Creus (Alt Camp), Tel. 9 77 63 83 29.
Monestir de Santa Maria de Vallbona: www.monestirvallbona.cat
Abadia de Poblet: www.hostatgeriadepoblet.cat

Santes Creus liegt wie alle anderen Zisterzienserklöster eingebettet in einer traumhaften Landschaft.

47 Die Bodegas Codorníu

Prickelnder Genuss mit Tradition

Der Cava ist seit Ende des 19. Jahrhunderts untrennbar mit der Landschaft um Barcelona verbunden. Er wird bei festlichen Anlässen und aus purer Lebensfreude, genossen. Seit 1872 wird er nach traditioneller Champagner-Methode hergestellt und ist mit einem Namen verbunden: Codorníu.

In den Bodegas aus der Zeit des Modernisme, die heute zum nationalen Kulturgut gehören (oben), werden heute noch neue Idee geboren (unten).

Über fünf Jahrhunderte lässt sich die Geschichte der Familie und des Unternehmens zurückverfolgen. Im Jahr 1872 produzierte Josep Raventós den ersten in der Flasche vergorenen Cava nach traditioneller Methode. Er war auch der Erste, der den Wein aktiv bewarb, und er gründete das Unternehmen, wie es heute noch existiert. 16 Jahre später wurden seine Anstrengungen schließlich belohnt – und Raventós gewann im Jahr 1888 auf der internationalen Weltausstellung die Goldmedaille für sein prickelndes Getränk. 1895 beauftragte er den Architekten Josep Puig i Cadafalch mit einem neuen Sektkeller. Seit 1897 beliefert Codorníu den königlichen Palast mit einer eigenen Cuvée. 1915, also ganze 20 Jahre nach Beginn der Planung, wurden die modernistischen Sektkeller, die bis heute eine Sehenswürdigkeit ersten Ranges sind, fertiggestellt. 1976 erklärte der König sie zum nationalen Kulturerbe. Acht Jahre später kam die heute berühmteste Marke Anna auf den Markt, in Gedenken an die wichtigste weibliche Vorfahrin. Im Jahr 2002 kam der erste Cava Rosé, der aus Pinot-Noir-Trauben gekeltert wird, auf den Markt und fand sofort seine Fans.

Eine Reise auf den Spuren des Cava

Als Josep Puig i Cadafalch im Jahr 1915 das Jugendstilgebäude der Kellerei in Sant Sadurní d'Anoia errichtete, produzierte Codorníu gerade einmal 100 000 Flaschen Cava pro Jahr. Die Größe der neuen Anlage schien übertrieben, zumal die Lage der Kellerei in einiger Entfernung von der Straße und der Eisenbahnlinie für die Zeit eher ungewöhnlich war. Die Wahl des Ortes war vielmehr Ausdruck der Überzeugung, dass das familiäre Weingut möglichst nahe an den Weinbergen liegen sollte. Von der räumlichen Nähe versprach man sich den Schlüssel zur Verbesserung der Qualität der Weine. Eine Führung durch die Sektkellerei beginnt in der »Kathedrale des Cava«. Der Rundgang ist ein Besuch des architektonischen Meisterwerks von Josep Puig i Cadafalch, das seit 1976 zu Spaniens nationalem Kulturerbe zählt, und führt mit einem kleinen Zug durch die Gewölbekeller. Am Ende der Besichtigung steht eine kleine Sektverkostung.

INFO: Avda Jaume de Codorníu S/N, Sant Sadurní d'Anoia (Barcelona), Tel. 9 38 91 33 42, mehr Infos unter: www.visitascodorniu.com

48 Die Bodegas Torres

Eine katalanische Erfolgsgeschichte

In Katalonien weiß man schon seit Jahrhunderten zu genießen. Neben dem Essen spielt natürlich der Wein eine sehr wichtige Rolle. Im Jahr 1870 wurde ein Unternehmen in Vilafranca del Penedès gegründet, das mittlerweile weltbekannt ist – die Bodegas Torres.

Im Jahr 1870 gründete Jaime Torres Vendrell (1843–1904) die Bodegas Torres in der Weinbauregion Penedès. Es war der Beginn einer großen Erfolgsgeschichte. Bereits 1907 wurde der Rotwein Coronas als Marke angemeldet, und dank steigender Exporte wuchs und gedieh das Unternehmen. 1909 wurde Miguel Torres Carbó (1909–1991) geboren, dessen Namen das Unternehmen heute trägt, da er entscheidend zur Expansion im 20. Jahrhundert beitrug. Die Jahre des Spanischen Bürgerkrieges und die damit einhergehenden starken Zerstörungen setzten der Bodega sehr zu. Ab dem Jahr 1940 baute die Familie das Unternehmen wieder auf, und es wurde erfolgreicher denn je. Mehrere Marken, die in der Zwischenzeit jeder Weintrinker auf der Welt kennt, wie der rote Sangre de Toro, der Exportschlager überhaupt, der weiße Viña Sol schufen die Basis, damit die Bodegas Torres unter anderem in die USA und Chile expandieren konnten, um dort Weine anzubauen. Den Erfolg, den das Unternehmen hat, teilt es laut eigener Philosophie mit der Welt, indem es sich mit seiner Fundació Miguel Torres seit 1986 in über 400 wohltätigen Projekten auf der ganzen Welt gegen Armut und Umweltzerstörung engagiert hat.

Ein Zentrum, um Wein zu erleben

In Pacs del Penedès, etwa drei Kilometer von Vilafranca del Penedès entfernt, richtete die Bodega Torres ein Zentrum ein, das geführte Touren durch die Geschichte des Unternehmens anbietet. Ziel dieser Veranstaltungen ist es, die Kultur rund um den Wein zu fördern. Die Tour nimmt alle Sinne in Anspruch und beginnt mit einer Einstimmung auf das Weinbaujahr im »Tunnel der Jahreszeiten«. Bilder, Geräusche und Düfte sind hier wahrzunehmen, die die Arbeit im Weinberg das Jahr über begleiten. Mit einem kleinen Zug geht es dann durch die Weinberge und -keller, bis man wieder im Haupthaus angekommen ist. Dort werden die Besucher noch zu einer Weinprobe eingeladen, und damit endet die ca. einstündige Tour. Mit Reservierung werden auch Weinverkostungen für Gruppen ab zehn Personen angeboten.

INFO: Bodegas Torres – Pacs del Penedès (Besucherzentrum)
Finca el Maset, 08796 Pacs del Penedès
Tel. 9 38 17 74 87, mehr Infos unter:
www.torres.es

Mitten im Penedès gelegen (oben), schwört der Weinhersteller Torres auf Nachhaltigkeit, wie er im Besucherzentrum (unten) eindrucksvoll demonstriert.

Im buddhistischen Kloster (oben) in einer ehemaligen Masía (typisch katalanisches Landhaus) finden Suchende Ruhe, um zu meditieren (unten). Mitten in der Abgeschiedenheit des Garraf (rechts) liegt das Kloster, das man nur auf teilweise sehr engen Wegen erreicht (rechts oben).

49 Naturpark Garraf und ein buddhistisches Kloster

Einsamkeit und Natur erleben

Das Garraf-Massiv liegt südwestlich von Barcelona. Bei Castelldefels trifft es auf das Meer und wirkt so wie eine natürliche Barriere. Die höchste Erhebung des Gebirges ist der Morella mit 594 Metern. Im Massiv selbst, etwa auf der Höhe von Castelldefels, beginnt das Naturschutzgebiet Parc Natural del Garraf.

In diesem Massiv, das hauptsächlich aus Kalkstein und Dolomit besteht, haben Zeit und Wetter eine beeindruckende Landschaft voller tiefer Täler, steiler Felswände und jäher Abhänge geschaffen, und das Regenwasser hat tiefe Höhlen gegraben, in denen seltene Tieren leben. In Meereshöhe bedeckt eine niedere Vegetation von Agaven, Opuntien, aromatischen Kräutern und Zwergpalmen, deren natürliches Ursprungsgebiet der Garraf ist, den Park. Weiter im Inneren folgen Wälder mit Aleppokiefern und Steineichen. Die Landschaft muss vollkommen ohne Oberflächenwasser auskommen. Es gibt aber mehrere unterirdische Flussläufe, deren wichtigster in etwa 81 Metern Tiefe zwischen 500 bis 10 000 Liter pro Sekunde führt.

Tiefe Täler, steile Abhänge und Höhlen

Im 18. Jahrhundert wurden hier mehrere Masien, typische katalanische Landhäuser, gebaut, auf denen Wein für den Export kultiviert wurde. Heute werden einige wenige von ihnen noch bewirtschaftet, und so kommt man auf seiner Wanderung häufig auch an Weinbergen vorbei.

Nur wenige befahrbare Straßen führen durch das Naturschutzgebiet. Die 13 verschiedenen Wanderwege, meist handelt es sich um Rundwege, sind gut gekennzeichnet. Einer ist für blinde und gehbehinderte Menschen geeignet. Die ausgeschilderten Wege sollten wegen der empfindlichen Natur und weil es hier einige gefährliche Schachthöhlen von mehreren Hundert Metern Tiefe gibt, nicht verlassen werden.

Bedrohungen eines einzigartigen Gebietes

Während des Baubooms in Spanien erhielten einige Baustoffhersteller die Sondergenehmigung, den zur Zement- und Betongewinnung sehr hochwertigen Kalkstein abzubauen. So wurden in den besser zugänglichen Teilen des Massivs, vor allem in der Nähe der Straße C31, die von Castelldefels nach Sitges führt, einige unverantwortlich hässliche Steinbrüche in den Park getrieben. Manche der nicht einsehbaren, geschlossenen

Steinbrüche wurden dann auch noch als Müllgruben genutzt. Seit Beginn der Krise von 2007 hat sich diese Situation allerdings gebessert. Eine andere Gefahr für den Park stellt die Trockenheit in den Sommermonaten dar. Hin und wieder wüten dann verheerende Waldbrände in der ausgetrockneten Gegend.

Einsamkeit, einzigartige Natur und ein Kloster

Flora und Fauna sind an das harte Leben ohne Oberflächenwasser angepasst und einzigartig. Häufig lassen sich hier Adler, die seltene Mittelmeerschildkröte und andere Reptilien sowie Wildschweine beobachten. In den Höhlen leben endemische Arten. Mitten im Park steht die Masía Palau Novella, die einst einem extrem reichen Großgrundbesitzer gehörte. Es heißt, er habe aus Liebe alle Räume des Landhauses mit Porträts seiner Frau bemalen lassen und die Haupttreppe besaß einen Treppenhandlauf aus Gold.

Nachdem das Gebäude von 1820 im letzten Jahrhundert verlassen worden war, gründeten hier, in der Abgeschiedenheit des Garraf, 1996 Vajrayana-Buddhisten das Kloster Sakya Tashi Ling, das einzige buddhistische Kloster Kataloniens. Man kann es besuchen. Wer übers Wochenende kommt, kann an einer Führung durch den Palau und das angeschlossene Museum teilnehmen, dazu an einem Entspannungs-Workshop, dem kostenlosen Buffet, dem Abendessen-Kolloquium (samstags) sowie einer Übernachtung im Doppelzimmer mit Frühstück. Das Ganze kostet 70 Euro. Es gibt mehrere Eingänge in den Park und befahrbare Straßen zum Palau Novella, die gut ausgeschildert sind: bei Castelldefels in Rat Penat, Sitges in der Region Mas Alba und von Olivella aus, das selbst bereits im Naturpark liegt. Man sollte sich aber darauf gefasst machen, dass die Wege hierher sehr eng und teilweise sehr kurvenreich sind.

DER NATURPARK ZU PFERDE

Eine andere, besondere Möglichkeit, den Park zu besuchen, ist die zu Pferde. Über eine gut befahrbare Schotterstraße liegt in einem Kilometer Entfernung von Olivella, mitten im Naturschutzgebiet Garraf, die Masia Pou de la Vinya (»Brunnen im Weinberg«) aus dem frühen 18. Jh. Von hier aus werden seit Juli 2014 Ausritte durch den Naturpark Garraf angeboten. Auf Wegen, die von keinem Fahrzeug befahren werden dürfen, geht es einzeln oder in Gruppen bis zu sechs Personen mit einem Führer durch Wälder von Aleppokiefern und Eichen, durch Weinberge und Zwergpalmenhaine. Der Weg dauert etwa 1,5 Stunden und führt hinauf zu dem etwa vier Kilometer entfernten Palau Novellà, einer ehemaligen Masía, in der sich heute das buddhistische Kloster befindet. Der Ausritt ist auch für Ungeübte, Anfänger und Kinder geeignet. Im Pou de la Vinya stehen am Wochenende Doppelzimmer für Gäste zur Verfügung. Preise auf Anfrage.

WEITERE INFORMATIONEN

Ctra. de Rat Penat a Plana Novella:
www.garraftour.com
Monasterio del Garraf:
www.monjesbudistas.org
Ausritte: Hipico pou de la Vinya,
Tel. 6 62 03 12 85, jujaval@hotmail.es

Das Allerheiligste, der Stupa, wurde außerhalb der Mauern der Masía errichtet und ist öffentlich zugänglich. Jedermann ist es erlaubt, die Gebetsmühlen in Gang zu setzen.

50 Tagesausflug nach Tarragona

Stadt auf antiken Resten

Kein Ort existiert in Katalonien, wo ein Grundstücksbesitzer so sehr mit Überraschungen rechnen muss, wenn er einen Spaten in die Hand nimmt, wie in Tarragona. Die ganze Stadt ist auf den Überresten des antiken Tarraco, der wichtigsten Stadt des römischen Imperiums außerhalb von Italien, errichtet worden.

Die Stadt auf römischen Fundamenten, die einst wichtiger war als Barcelona, ist heute eine lebendige Provinzstadt (oben) mit einer bedeutenden Kathedrale (unten). Der imposante Bau auf dem höchsten Punkt der Stadt ist schon von Weitem sichtbar (rechts).

Südwestlich von Barcelona an der Küste gelegen, gut mit dem Auto über neue Autobahnen oder mit dem Zug zu erreichen, liegt Tarragona, die Hauptstadt der gleichnamigen Provinz. Aufgrund ihres bedeutenden kulturhistorischen und architektonischen Erbes wurde Tarragona von der UNESCO im Jahr 2000 zum Kulturerbe der Menschheit erklärt. Nicht erst seitdem ist die Stadt römischen Ursprungs eine der Urlaubsattraktionen Europas.

Über 2000 Jahre Geschichte unter den Füßen

Die Stadt kann auf eine mehr als 2000-jährige Geschichte zurückblicken. Lange vor Christi Geburt siedelten hier die Iberer, die ihre Stadt im 6. Jahrhundert v. Chr. mit einer Zyklopenmauer umgaben. 218 v. Chr. von den Römern unter Scipio erobert, machten sie die iberische Stadt unter dem Namen Tarraco zu einer der wichtigsten Städte am Mittelmeer. Unter Augustus wurde Tarraco erheblich ausgebaut, und die Via Augusta führte über Barcino, damals ein unbedeutender kleiner Ort, der heute Barcelona heißt, ins Römische Reich. Ebenso glänzten spätere Kaiser wie Vespasian, Trajan und Hadrian durch eine rege Bautätigkeit. Im dritten Jahrhundert starben Bischof Fructuosus und zwei seiner Diakone im Amphitheater von Tarraco während der Christenverfolgung den Märtyrertod. Zu dieser Zeit beginnen die Aufzeichnungen über eine christliche Gemeinde in Tarraco. Der Niedergang der Stadt setzte noch vor der Völkerwanderung ein. Unter den Westgoten verlor sie endgültig an Bedeutung zugunsten von Barcelona.

Bedeutende Sehenswürdigkeiten

Die Römer hinterließen spektakuläre Bauwerke, die noch heute zu sehen sind, sofern sie nicht abgerissen oder überbaut wurden. In der Carrer de la Merceria in der Nähe der Kathedrale findet man noch viele Steine mit lesbaren Inschriften, die in den Hausmauern verbaut wurden. Sogar in Barcelona stammen die vier Granit-Säulen, die im Portal des Palau de la Generalitat verarbeitet sind, von einem Augustustempel aus Tarragona. Im Museu Nacional Arqueològic de Tarragona (MNAT) sind die reichhaltigen Funde aus der Römerzeit und aus den ersten christlichen Jahren zu besichtigen.

Televés

Es lohnt sich, die freistehende Kathedrale von allen Seiten zu betrachten (oben). Wie eine Replik der Kapitolinischen Wölfin (Mitte) werden in den Museen viele Funde aus der römischen Zeit ausgestellt (unten). Imposant auch das gut erhaltene Amphitheater (rechts).

Darüber hinaus ist das architektonische Erbe sehenswert, zum Beispiel die Stadtmauer, das Provinzialforum, der Circus, das Amphitheater und das Theater, um nur einige wenige zu nennen. Unbedingt besuchen sollte man auch das wenige Kilometer vor den Toren der Stadt gelegene römische Aquädukt El Pont del Diable (Werk des Teufels). Seinen Namen erhielt es im Mittelalter, denn die Menschen damals konnten sich weder die Herkunft noch den Sinn des Bauwerks erklären.

Alte Stadt, neue Stadt

Ab dem 12. Jahrhundert wurde das »neue« Tarragona einfach auf den Überresten des alten Tarraco erbaut und vieles wurde dabei im Untergrund begraben. Baumaßnahmen in Tarragona sind heute daher ein relativ unberechenbares Unterfangen, denn häufig kommen antike Reste zum Vorschein, die zunächst geborgen werden müssen.
An der Kathedrale Santa María wurde bis 1331 gebaut. Das gotische Hauptportal mit reichem Skulpturenschmuck und einer mächtigen Rosette darüber wurden erst 1475 fertiggestellt. Das heutige angeschlossene Diözesanmuseum zeigt spektakuläre Schätze aus den ersten Jahren des Christentums bis in die Barockzeit. Dank des wachsenden Weinanbaus im Hinterland und des Hafens erlebte die Stadt nach einigen Jahren des Niedergangs eine erneute Blütezeit. Beispiele hierfür sind die schönen Stadtpaläste aus dem 18. und 19. Jahrhundert.
Im 19. Jahrhundert führte die Belagerung durch Napoleons Truppen und der erbitterte Widerstand der Stadt zu einem beispiellosen Massaker an der Bevölkerung. Die Reblausplage, die in ganz Europa zum Zusammenbruch des Weinanbaus führte, traf ganz Katalonien schwer, insbesondere Tarragona, und auch im Spanischen Bürgerkrieg wurde Tarragona schwer in Mitleidenschaft gezogen und seine wirtschaftliche Grundlage ruiniert. Viele der herrschaftlichen Paläste blieben verlassen, wurden besetzt und umgebaut und die allerwenigsten erhielt man. So kam es, dass bis vor wenigen Jahren immer mal wieder ein altes Wohnhaus in der Altstadt zusammenfiel. Erst in den letzten 15 Jahren erkannte man den Wert des jüngeren Erbes und rettet und restauriert seither, wo es geht. Das Ergebnis ist eine schöne und in der Zwischenzeit auch moderne Provinzstadt.
So bietet Tarragona weit mehr als römische Bauten; das Mittelalter und der Barock haben ihre Spuren hinterlassen, und auch aus der Zeit des katalanischen Jugendstils, des Modernisme, findet man hier Gebäude. Die schön wieder hergerichtete Hauptstraße und Flaniermeile La Rambla Nova endet oberhalb einer rund 30 Meter hohen, natürlichen Steilwand und bildet den »Balkon« der Stadt. Ein überaus kunstvoll gestaltetes Geländer bewahrt Spaziergänger vor dem versehentlichen Absturz. Das Handauflegen auf einen der metallenen Geländerpfosten soll einer Legende nach Glück bringen. Die Tarragonesen sagen auf Katalanisch: *Tocar ferro porta sort!* (Eisen berühren bringt Glück!)

Heute eine moderne Stadt

Großen Anteil am Aufschwung der Stadt hat der Hafen. Er gehört von seiner Umschlagsmenge her zu den wichtigsten Häfen des Mittelmeeres. Die Nähe zum

Meer und zum Hafen nutzt natürlich auch die Industrie, allen voran die Petroindustrie. BASF, Dow Chemical, Repsol YPF und andere Konzerne haben dort ihre Raffinerien. Eher laxe Umweltgesetze in der Vergangenheit führten dazu, dass bei gewissen Wetterlagen ein ziemlicher Smog die Stadt einhüllte. Dank des sich langsam entwickelnden ökologischen Bewusstseins aber zählt das mehr und mehr zur Geschichte.

Port Tarraco ist ein ideal gelegener und geschützter Jachthafen in der Nähe der beliebtesten Kreuzfahrtziele der spanischen Küste, der Balearen und Südfrankreichs. Ausschließlich für Super-, Mega- und Gigajachten entworfen, bietet er 64 Tiefwasserliegeplätze im Bereich von 30 bis 160 Metern. Bei einem Spaziergang entlang der Kaimauern kann man hin und wieder den Blick auf diesen unglaublichen Reichtum werfen – von außen versteht sich.

Aber auch die Landwirtschaft ist wieder zu einem wichtigen Faktor geworden. In der Gegend um Tarragona befinden sich immense Haselnuss- und Mandelplantagen – und auch der Weinanbau floriert. Die DO Tarragona ist das größte Weinanbaugebiet Kataloniens.

Als Stadt am Meer hat Tarragona selbst zwar keinen Strand, aber in unmittelbarer Nähe liegen die Platja Llarga, der »Lange Strand«, von vier Kilometern Länge, und im Anschluss daran die durch einen Spaziergang durch einen schönen mediterranen Wald getrennte, im Volksmund »Waikiki« genannte Bucht. Beide fallen flach zum Meer hin ab und zeichnen sich durch feinen, goldfarbenen Sand aus. Besonders »Waikiki« besticht darüber hinaus durch unglaublich klares Wasser.

EINE KATALANISCHE TRADITION

Die Castells, das Wort bedeutet im Katalanischen Burg, sind Menschenpyramiden, die in Katalonien bei Festen gern errichtet werden. In Tarragona kann man sie bei Wettbewerben erleben. Seit November 2010 gehören sie zum UNESCO-Weltkulturerbe. Die Anfänge dieser katalanischen Tradition gehen auf das 18. Jh. zurück. In Valls, nicht weit von Tarragona entfernt, fing alles an. Aus einem traditionellen Volkstanz der Stadt entwickelten sich die Castells. Noch heute wird der »Turmbau« von Flötenmusik begleitet. Zunächst wurde am Ende des Tanzes ein kleiner Menschenturm gebaut. Mit der Zeit lösten sich Tanz und Turmbau und rivalisierende Gruppen begannen immer aufwendigere Türme zu bauen. Man begann, Wettbewerbe auszurichten, in denen sich die Gruppen gegenseitig überboten. Wurden in den 1970er-Jahren noch siebenstöckige Castells gebaut, sind es heute neun Ebenen – und der »Burgenbau« ist zu einem eigenen Programmpunkt bei größeren Festen geworden.

WEITERE INFORMATIONEN

Patronat Municipal de Turisme de Tarragona: C/Major, 39. 43003 Tarragona, Tel. 9 77 25 07 95, www.tarragonaturisme.cat/de/

Barcelona ist eine moderne Stadt, die sich ständig erneuert (oben), sportlich ist (Mitte) und ständig in Bewegung ist (unten) …

Register

Ortsregister

Baix Llobregat 140
Barcino 46, 158
Barra de Ferro 24
Barri de La Ribera 26
Barri Gòtic 42
Barri Sant Pere 36

Carrer del Call 42
Castelldefels 140, 154
Castelldefels Platja 141
Costa Daurada 140
Costa del Garraf 140

Distrikt 22@ 124/125, 132

Eixample 14, 72, 80, 82, 132
El Born 15, 18, 24, 132
El Call 42

Gavà 141

Jardins del Palau de Pedralbes 139

La Barceloneta 28, 108/109, 116, 118, 134
La Boqueria 60
La Rambla 57
La Rambla del Raval 62
La Rambla Nova 160
La Ribera 18

Maresme 140
Moll d'Espanya 74, 76, 77
Moll de la Fusta 74

Parc de la Ciutadella 28, 31, 86, 118
Parc de Montjuïc 116
Parc del Centre del Poblenou 136
Parc Joan Miró 101
Parc Natural del Garraf 140, 154
Park Güell 12, 80, 88, 98, 100
Passeig de Colom 123
Passeig de Gràcia 95
Passeig de Picasso 30
Passeig Marítim Barceloneta 121
Penedès 153
Plaça d'Espanya 112, 113
Plaça de la Sardana 136
Plaça d'Espanya 14
Plaça de Catalunya 57, 58/59, 88
Plaça de l'Angel 50
Plaça de la Carbonera 74
Plaça de la Font 118, 120
Plaça de la Seu Caterina 35
Plaça de les Drassanes 123
Plaça de San Miquel 120
Plaça de Sant Jaume 49, 50
Plaça de Sant Josep Oriol 51
Plaça del Pi 48
Plaça del Portal de la Pau 74
Plaça del Rei 44, 48
Plaça Nova 46, 50
Plaça Ramón Berenguer el Gran 49
Plaça Reial 40, 45, 46, 49, 57
Plaça Sant Felip Neri 43
Plaça Vila de Madrid 51
Platja Balmins 144
Platja Bogatell 135
Platja de la Barceloneta 118, 121, 134
Platja de Sant Miquel 134
Platja de Somorrostro 134
Platja del Prat de Llobregat 140
Platja Gavà 141
Platja Llarga 161
Platja Llevant 135
Platja Nova Mar Bella 135
Platja Viladecans 141
Poble Espanyol 14, 110
Poblenou 126, 129, 130/131, 132, 133, 135, 137

Rambla del Mar 74, 76
Ramblas 57
Ronda Sant Antoni 137
Ruta del Cister 149

Sant Martí 122, 126
Sant Sadurní d'Anoia 152
Sant Sebastià 134
Sants-Montjuïc 110
Sitges 140, 142, 144, 145, 154

Tarragona 140, 158, 160

Vila Olímpica 126
Vilafranca del Penedès 145
Vilanova i la Geltrù 140

Sachregister

Aeri del Port 54, 108, 116
Aquädukt El Pont del Diable 160
Augustustempel 50, 51

Barcelona Bridal Week 24
Basilica de Santa Maria del Mar 20
Basilika Maria del Mar 35
Bodegas Codorníu 152
Bodegas Torres 153
Born Centre Cultural 32

CaixaForum 14
Camp Nou 138
Capella de Santa Ágata 40, 44
Cardo maximus 50
Casa Amatller 86, 87
Casa Batlló 12, 86, 88, 90
Casa Calvet 88
Casa Comalat 84
Casa de les Punxes 85
Casa Fuster 80, 105
Casa Gispert 26
Casa Lleó Morera 86, 87, 88
Casa Mauri 23
Casa Milà 14, 88, 90, 91, 164
Casa Terrades 85
Casa Vicens 12
Castell d'Olèrdola 145
Castell dels tres Dragons 30, 31, 86
Catedral de la Santa Creu i Santa Eulàlia 35
Cementiri del Poblenou 137
Ciutat del Teatre 14
Comediantes 14
Compañía General de Tabacos de Filipinas 57
Concerts de Mitjanit 145

Desginmuseum Disseny Hub Barcelona (DHUB) 14, 128, 130/131, 132, 139
Drassanes Reials 123

Eklektizismus 86
El Mercat de Santa Caterina 34, 35
El Molino 68, 70/71
Estació de França 28

FC Barcelona 138
Fiesta Major 145
Finca Güell 139
Fira Gran Via de L'Hospitalet 65
Fira Montjuïs 65, 78/79
FKK 144
Flohmärkte 69
Font de Canaletes 57
Font Màgica 14, 108, 113, 114/115
Franco-Diktatur 110, 146
Fundació Joan Miró 14

Gabinet de les Arts Gràfiques 132
Galería Maeght 20
Garraf 144, 154
Gaudí-Museum 102/103
Geologisches Museum 30
Gran Teatre del Liceu 57, 66
Gran Teatre Espanyol 68

Hivernacle 30
Höhle Santa Cova 147
Hospital de la Santa Creu i Sant Pau 12, 16/17, 104
Hospital de Sant Pau 80, 104
Hotel Espanya 56

Illa de la Discòrdia 87, 88
Institut Ramón Llull 85
Internationales Festival von Sitges für Fantasy- und Horrorfilm 144

Karneval von Sitges 145
Kathedrale Santa Eulalia 35
Kolumbusdenkmal 74
Krypta der Colònia Güell 12

L'Auditori 128
La Cubana 14
La Fura dels Baus 14
La Pajarera Catalana 68
La Pedrera 12

Maremagnum 75
Masía Palau Novella 155
Masia Pou de la Vinya 155
Mercadillo de la Plaça de Sant Josep 69
Mercat de la Barceloneta 120
Mercat de la Llibertat 107
Mercat del Born 28, 120
Mirador 123
Miramar 116, 117
Modernisme 12, 14, 30, 36, 60, 80, 82, 86, 88, 95, 104, 106, 112, 120, 132, 144, 160
Montjuïc 112
Montserrat 124, 146
Museo de Culturas del Mundo 22
Museu Blau 128
Museu Cau Ferrat 145
Museu d'Art Contemporani de Barcelona (MACBA) 54, 63, 64
Museu d'Història de la Ciutat (MUHBA) 43, 44, 45, 46, 48

Museu de Ceràmica 132
Museu de les Arts Deocratives 132
Museu del FC Barcelona 138
Museu Frederic Marès 40
Museu Maricel 145
Museu Marìtim 54, 74
Museu Nacional Arqueològic de Tarragona MNAT 158
Museu Nacional d'Art de Catalunya MNAC 112
Museu Romàntic 145
Museu Tèxtil i d'Indumentària 132
Museum Fundació Joan Miró 111
Museum Fundació Tàpies 86
Museum für moderne Kunst 30
Museum MNAC 23

Nationalmuseum 112
Nova Icària 134

Ocaña 45
Olympisches Dorf 122

Palau Aguilar 22
Palau Baró de Castellet 23
Palau Cervelló 20
Palau Clariana Padellàs 48, 49
Palau de la Generalitat 37, 48, 158
Palau de la Música Catalana 12, 14, 18, 34, 36, 38/39, 87
Palau de Lloctinent 44
Palau del Marquès de Llió 22
Palau Finestres 23
Palau Güell 12, 72, 88
Palau Meca 23
Palau Moja 57
Palau Nacional 110
Palau Nadal 22
Palau Reial de Pedralbes 139
Palau Reial Major 44, 50
Patisseria Hofmann 31
Pau Casals 164
Peix Daurat 121, 122
Picasso-Museum 14, 18, 20, 22, 23, 33, 34
Port Olímpic 74, 122
Port Tarraco 161
Port Vell 74, 116, 123
Porta Decumana 51
Porta Praetoria 51
Porta Principalis dextra 50
Porta Principalis sinistra 50

Reblausplage 160
Römische Stadtmauer 50
Römisches Reich 48

Sagrada Família 12, 80, 91, 92
Sagrat Cor 12
Sakya Tashi Ling 155
Sala Hippostila, Säulenhalle 100
Sala Lluís Millet 37
Saló de Tinell 44
Sant Jaume 43
Sant Joan 147
Sant Miquel del Port 134
Sant Paul del Camp 61, 62
Santa Maria de Montserrat, Benediktinerkloster 146
Santa Maria de Poblet 148, 149
Santa Maria de Vallbona 148, 149
Santa Maria del Mar 26
Santa-Caterina-Markthalle 34
Santes Creus, Zisterzensierkloster 148, 149, 150/151
Schifffahrtsmuseum Drassanes Reials 14, 123
Schwarze Madonna Mare de Déu de Montserrat 146
Segway-Tour 75
Seilbahn 78/79
Sinagoga Medieval de Barcelona 43
Sónar Festival 65
Spanischer Bürgerkrieg 94, 117, 153, 160
Spanischer Erbfolgekrieg 32

Tango Argentino Festival 144
Teatre Condal 68
Teatro Musical 14
Teatro Nacional de Catalunya TNC 14, 128
Telefèric 116
Tivoli 14
Torre Agbar 126, 128, 130/131
Triumphbogen 31

Umbracle 30
Urban Fashion Object 24

Vajrayana-Buddhisten 155
Verletzter Stern 108
Vicotria 14
Vilafranceá del Penedès 153

Wasserfall Cascada 28
Westgoten 48, 158
Wissenschaftsmuseum 14

Zitadelle 30, 32
Zoo Barcelona 31
Zoologischer Garten 31
Zoologisches Museum 30

Personenregister

Alfaro, Andreu 123
Alfons VI. 42
Alfonso XIII. 112, 139
Amargós i Samaranch, Josep 30
Arnau i Mascort, Eusebio 85
Arnau, Eusebi 56

Bacardí, Facundo 142
Barceló, Miquel 65
Benson, George 139
Berenguer III., Graf Ramón 49
Berenguer IV., Graf R. 148
Bischof Fructuosus 158
Bocabella y Verdaguer, José María 92, 94
Bofill, Ricardo 128
Botero, Fernando 62
Brossa, Joan 65
Bru i Salelles, Lluís 84
Bruni, Carla 139

Cáceres Zurita, Rafael de 33
Cafè de L'Ópera 67
Casas, Ramón 56
Catà i Catà, Enrique 112
Cendoya Oscoz, Eugenio Pedro 112
Cerdà, Ildefons 82
Chillida, Eduardo 65
Cloud 9 128
Cornet, Josep M. 32

Dalí, Salvador 62
Delgado Rajado, Diego 123
Domènech i Estapà, Josep 57, 86
Domènech i Montaner, Lluís 31, 36, 56, 86, 88, 104, 105

El Greco 145

Falguera i Sivilla, Antoni de 60
Felipe V. 32
Felipe V. 45
Ferdinand I. 123
Ferdinand VI. 118
Fontsère, Josep 28, 32
Franco, Francisco 139, 144
Fuxà, Manuel 30

García i Fària, Pere 74
Gaudí, Antoni 28, 34, 60, 72, 86, 88, 92, 94, 139, 147
Gehry, Frank 121, 122
Ginesi, Antonio 137
Graham, Bruce John 121
Güell, Graf Eusebi von 72, 88, 139
Güell, Joan 139

Hadid, Zaha 128
Hadrian 158
Hemingway, Ernest 62
Herzog & de Meuron 128

Jaime I. 22
Jaume I. 42

Kaiser Augustus 46
Kaiser Claudius II. 48
Kolumbus, Christoph 44, 147

Liechtenstein, Roy 123

Martorell, Joan 139
MBM Arquitectes 132
Miró i Ferrà, Joan 101
Moneo, Rafael 128
Morales, Soà Ignasi de 67

Nobas, Rossend 30
Nouvel, Jean 128, 137

Oteiza, Jorge 65

Papst Benedikt XVI. 94
Papst Leo XIII. 146
Pascual i Tintorer, Miquel 107
Paula del Villar, Francisco de 92
Philipp V. 118
Primo de Rivera, Miguel, General 110, 112
Prosper Van Verboom, George 118
Puig i Cadafalch, Josep 84, 85, 86, 88, 112, 152

Raventós, Josep 152
Rodoreda, Mercè 107
Rovira i Trias, Antoni 30, 120
Ruiz Picasso, Pablo 23, 62, 145
Rusiñol, Santiago 144, 145

Sagnier i Villavecchia, Enric 74
Saura, Antoni 65
Sert i López, Josep Lluís 111
Simple Minds 139
Sòria i Badia, Enric 33

Tàpies, Antoni 65
Torres Vendrell, Jaime 153
Trajan 158

Valeri i Pupurull, Salvador 84
Vallmitjana, Venanci 30
Vespasian 158
Viaplana i Veà, Albert 76

… stets den Künsten zugetan ist, das zeigt etwa die Architektur Gaudís (oben) oder die Kleinkunst auf den Ramblas (Mitte). Die Stadt mit dem Rücken zum Meer hat schon viele Herzen erobert (unten).

Impressum

Zu jeder Tageszeit findet sich in Barcelona ein Ort zum Entspannen – in der Abendstimmung auf dem Dach der Casa Milà (oben), zu Füßen der Skulptur des virtuosen Pau Casals (Mitte) oder im kühlen Schatten der Parks (unten) beim »Petanca« (Boule-Spiel).

Verantwortlich: Dorothea Sipilä
Redaktion: Birgit Günther, Utting
Layout und Bildredaktion: graphitecture book & edition, Fabienne Lutz, Bernau am Chiemsee
Korrektorat: Anke Höhne, München
Repro: Repro Ludwig, Zell am See
Kartografie: Astrid Fischer-Leitl, München
Herstellung: Bettina Schippel
Printed in Italy by Printer Trento

★★★★★

Sind Sie mit diesem Titel zufrieden? Dann wurden wir uns über Ihre Weiterempfehlung freuen.
Erzählen Sie es im Freundeskreis, berichten Sie Ihrem Buchhändler, oder bewerten Sie bei Onlinekauf.
Und wenn Sie Kritik, Korrekturen Aktualisierungen haben, freuen wir uns über Ihre Nachricht an Bruckmann Verlag, Postfach 40 02 09, D-80702 München oder per E-Mail an lektorat@verlagshaus.de.

Unser komplettes Programm finden Sie unter

www.bruckmann.de

Alle Angaben dieses Werkes wurden von den Autoren sorgfältig recherchiert und auf den neuesten Stand gebracht sowie vom Verlag geprüft. Für die Richtigkeit der Angaben kann jedoch keine Haftung übernommen werden.

Textnachweis:
Die Texte zu den Kapiteln 1–5 stammen von Andrea Hoffmann
Die Texte zu den Kapiteln 4–6 sowie sämtliche Bildlegenden des Bandes stammen von Stephan Mitsch

Bildnachweis:
Alle Bilder des Innenteils und des Umschlags stammen von Sammy Minkoff, Eching am Ammersee außer: Umschlagvorderseite – shutterstock/Joop Snijder Photography (oben).

Umschlag:
Vorderseite, v. o. n. u.:
Blick über Barcelona, Parc Güell, Restaurant an der Plaça Reial.

Ruckseite:
Font Màgica, Ocaña an der Plaça Reial, Große Kaskade im Parc de la Ciutadella (oben, v. l. n. r.), Palau de la Música Catalana (unten)
Klappe vorne: Strandszene mit Skulptur »Der verwundete Stern«.
Klappe hinten: Fruchtsaftstand auf der Boqueria.

Die Deutsche Nationalbibliothek verzeichnet diese Publikation in der Deutschen Nationalbibliografie; detaillierte bibliografische Daten sind im Internet über http://dnb.d-nb.de abrufbar.

ISBN 978-3-7654-8222-9

In gleicher Reihe erschienen …

ISBN 978-3-7654-6120-0

ISBN 978-3-7654-8780-4

ISBN 978-3-7654-6031-9

ISBN 978-3-7654-8222-9

ISBN 978-3-7654-8402-5

ISBN 978-3-7654-8223-6

Highlights Ägypten
978-3-7654-5437-0

Highlights Andalusien
978-3-7654-5599-5

Highlights Australien
978-3-7654-4828-7

Highlights Bayern
978-3-7654-6777-6

Highlights Berlin
978-3-7654-5871-2

Highlights Brasilien
978-3-7654-6121-7

Highlights China
978-3-7654-4830-0

Highlights Deutschland
978-3-7654-6794-3

Highlights Dresden
978-3-7654-6776-9

Highlights Englands Süden
978-3-7654-5597-1

Highlights Frankreich
978-3-7654-5368-7

Highlights Gardasee
978-3-7654-6772-1

Highlights Hamburg
978-3-7654-5831-6

Highlights Irland
978-3-7654-5214-7

Highlights Island
978-3-7654-5592-6

Highlights Israel
978-3-7654-5598-8

Highlights Istanbul
978-3-7654-6180-4

Highlights Japan
978-3-7654-6495-9

Highlights Kanada
978-3-7654-4760-0

Highlights Karibik
978-3-7654-4869-0

Highlights Kuba
978-3-7654-5596-4

Highlights London
978-3-7654-5835-4

Highlights Mallorca
978-3-7654-5465-3

Highlights Namibia
978-3-7654-6026-5

Highlights Neuseeland
978-3-7654-4750-1

Highlights New York
978-3-7654-5751-7

Highlights Norwegen
978-3-7654-4827-0

Highlights Oman & Dubai
978-3-7654-6032-6

Highlights Paris
978-3-7654-5753-1

Highlights Peru
978-3-7654-5436-3

Highlights Portugal
978-3-7654-5533-9

Highlights Rom
978-3-7654-5752-4

Highlights Russland
978-3-7654-5600-8

Highlights Schweden
978-3-7654-4973-4

Highlights Schweiz
978-3-7654-5872-9

Highlights Sizilien
978-3-7654-5880-4

Highlights Skandinavien
978-3-7654-6119-4

Highlights Südafrika
978-3-7654-4748-8

Highlights Südtirol
978-3-7654-6775-2

Highlights Sylt
978-3-7654-6179-8

Highlights Thailand
978-3-7654-5863-7

Highlights Toskana
978-3-7654-5843-9

100 Highlights USA
978-3-7654-8227-4

Highlights USA
Der Westen
978-3-7654-5758-6

Highlights Vietnam
978-3-7654-5144-7

BRUCKMANN
www.bruckmann.de